1500語で話せる英会話

あの名作映画『ローマの休日』に学ぶ

村川義郎
三田弘美 著

はじめに

　英単語，1500語と言えば，ほぼ中学3年間で学ぶ単語数です。(平成24年4月より実施された新学習指導要領では，中学3年間で扱う指導語数を1200語程度としています。) 英語科教授法では，1500語を習得すればPre-intermediate level（基本的な文法を使って，一般のトピックについて話せるレベル）となり，これは英語を第二言語として学ぶ私達が，まず目指したいレベルだと言えるでしょう。

　日常英会話は，この基本英単語で十分です。
　しかし，英単語を1500語程度知っていても，それだけで日常英会話が出来るわけではありません。

　それには1500語を使った"**日常英会話の決まり文句**"を覚えなくてはなりません。さらに，英語で「コミュニケーション」するためには，瞬時に①相手の言っている言葉を聞き取り，②その応答をしなくてはいけません。

　本書は，空港から一人で旅立ち，アメリカに到着したそのときから日常会話には不自由をしない程度にまで①聞き取り（リスニング），②話すこと（スピーキング）が出来るようになることを目的にしたテキストです。

　本書の指示に従って学習をつづけて頂ければ「なるほど」と確信して頂けると思います。
　本書で特記したい点は，"本物の英語を聞き取る"以上に，声に出して決まり文句を読み上げること，つまり，"音読"のすすめです。科学的な理論はともかく，音読こそ決まり文句をしっかりと記憶に定着させ，瞬時に発話出来るようにさせることが経験的に分かっています。テープを聞き流すだけで，赤ん坊が言葉を覚えるように英会話が上達するという広告を見かけますが，まったく賛成出来ません。英語を話すということは，スポーツの練習や特訓みたいなものです。スポーツもただ観戦しているだけでは実技の上達はまったく見込め

ません。

　読者の中には，なぜ，**映画『ローマの休日』**を通してなのかと，疑問に思われる向きもおありでしょう。
　答えは簡単です。日本人のいちばん見たい外国映画ナンバーワンのこの映画の力を借りるためにです。他のどんな教材よりも，本物の話し言葉を聞き，セリフの"日常英会話の決まり文句"を，深く鮮明に記憶に定着させることが出来るのです。英会話サークル活動25年の経験の結論です。

　しかも，往年の大スターである，王女様役のオードリー・ヘップバーンと新聞記者に扮するグレゴリー・ペックの両者が発する言葉が興味深くないわけがありません。
　名作映画を楽しみながら，日常会話常套句の宝庫と出会えるのです。この一作品でイギリス英語とアメリカ英語が学べる点も魅力です。

　1500語程度からなる"日常英会話の決まり文句"を覚え，瞬時に発話しなくては会話のキャッチボールにはなりません。ただ，丸暗記しているだけでは，必要なとき，すなわち話すときに記憶から瞬時には取り出せません。

　本書は，①英語を聞き取り，②記憶に定着させ，③瞬時に取り出し，発話出来るよう工夫されています。本書には，「映画で学ぶ英会話」学習勉強会を25年間指導してきたエッセンスが詰め込まれています。
　サークル「映画で学ぶ英会話 "English Through the Movies"」（略称ETM）は本年（2012年）7月17日で創設満25年を迎えることが出来ました。このサークルで勉強された方は延べ数万人にのぼります。そして現在も，首都圏を中心に約1000人近い方々が"English Through the Movies"で学習されています。
　さらに，昨年（2011年）より「1500語で話せる英会話」サークルも発足させました。

本書は，映画『ローマの休日』の"セリフ"だけを勉強するものではありません。『ローマの休日』の**日常会話常套句をキーセンテンス**にして，その**数倍の応用会話文**が学べるよう編集されています。その例文も多数の映画のセリフから選び出したもので，人工的な英文ではありません。ネイティブが日常使う"本物"の"生きた言葉"です。もちろん，映画に登場する親しみにくい悪者や，使わないほうがいいスラングなどはとりあげていません。

　英語の話し言葉はけっして一つの意味だけではありません。状況により多くの意味があるので注意しましょう。その状況がよく分かるという意味でも，**映画は教材として最適**です。
　ある新聞記事に，「楽天の英語公用語化　Are you ready?」とありました。あなたの職場でも，「Are you ready?」が始まっているのではありませんか！さあ，いそぎましょう！

　本書では多くの映画から日常英会話決まり文句を引用しました。多くの先人たちに感謝の意を表します。本の作成にあたっては，株式会社創英社／三省堂書店 編集長，水野浩志さんと高橋淳さんに大変お世話になりました。

村川　義郎
三田　弘美

『1500語で話せる英会話』
あの名作映画『ローマの休日』に学ぶ 学習法

❖ **本書の構成**

前　編

　前編は『ローマの休日』の台本とその注釈。すべてのセリフには番号を付けてありますので参照しやすくなっています。

本　編

① **キーセンテンス**

　映画『ローマの休日』のセリフから，日常英会話決まり文句を抽出し，キーセンテンスとしました。

② **ポイント**

　決まり文句の解説，必要な文法事項の説明。その応用例文。

③ **レッスン1**

　キーセンテンスの応用や活用法が学べます。

　レッスン2

　覚えた表現を話す訓練をします。

④ **1500語でこんなに話せる！**

　キーセンテンスなどで使われている単語・熟語を使って話せる「日常会話常套句」が覚えられます。殆どの例文は，他の映画で話されている日常会話常套句です。

⑤ キーセンテンスの前にある数字は『ローマの休日』映画台本のセリフ番号です。常に，このキーセンテンスがどういう状況で話されているかを確認下さい。「話し言葉」は状況により意味が異なるからです。

⑥ キーセンテンスではない『ローマの休日』のセリフには頭に"# セリフ番号"を付けてあります。

❖ **本書の活用法**

① まず，DVD『ローマの休日』を鑑賞して下さい。次にキーセンテンスの

場面の英語のセリフを何度も聞き取って下さい。最後に本書に収録された台本の英語セリフをチェックしましょう。
❷ 「Key Sentence（キーセンテンス）」を声に出して練習してください。
❸ 「ポイント」をよく読んでください。
❹ 「レッスン1」「レッスン2」へ進みます。
「レッスン2」では，学習した和文を見て，瞬時に英文が言えるようにしましょう。
語学はスポーツと同じように，反復練習が大切です。理論だけでは，とっさの会話は出来ません。
❺ 「キーセンテンスが登場する場面の近くから」や「1500語でこんなに話せる！」では日常会話に必要な重要表現を学びます。
必ず音読して，覚えるようにしましょう。
❻ 「他の映画のセリフから」では，場面に応じた言葉の使い方を覚えてください。
❼ 「コーヒーブレイク」では，ネイティブが実際に使う英語表現や生活文化を学びましょう。
❽ 最後まで本を読み終えたら，DVD『ローマの休日』を観て下さい。この本で学習したフレーズや日常会話決まり文句が，聞き取れるようになっていると思います。

ETM基本理念"聞こえなければ，話せない。知らなければ，聞こえない"を身を持って体験することができるでしょう。

目 次

はじめに　　　　　　　　　　　　　　　　　　　　　　iii
『1500語で話せる英会話』
あの名作映画『ローマの休日』に学ぶ 学習法　　　　　　vi

前　編
　　『ローマの休日』映画台本　　　　　　　　　　　　(3)

本　編

1　(16)　**I'm so glad that you could come.**　　3
　　　　　おいでくださってとても嬉しいです。

2　(36)　**You have lovely things.**　　8
　　　　　素敵なものをお持ちですね。

3　(37)　**Why can't I sleep in pajamas?**　　13
　　　　　どうしてパジャマで寝てはいけないの？

4　(42)　**Please put on your slippers and come away from the window.**　　17
　　　　　スリッパを履いて窓から離れて下さい。

5　(46)　**I'm too tired to sleep.**　　20
　　　　　疲れすぎて眠れません。

6　(83)　**It's no use.**　　23
　　　　　そんなこと無駄よ。

7　(93)　**There she goes again.**　　26
　　　　　ほら，また始まりました。
　　　　　Give her something, Doctor, please!
　　　　　先生，何かさしあげて下さい！

8　(98)　**I don't feel any different.**　　28
　　　　　少しも何ともないわ。（何の違いも感じません。）

9　(123)　**I gotta get up early.**　　32
　　　　　早く起きなくちゃいけないんだ。

10	(124)	**What do you mean early?**	35
		早いとはどういうことだい？	
		My personal invitation says 11:45.	
		僕の招待状には11時45分と書いてあるよ。	
11	(127)	**See you at Annie's little party in the morning.**	39
		明日の朝，アンのパーティーで会おう。	
12	(142)	**You know, people who can't handle liquor, shouldn't drink it.**	43
		いいかい，酒に飲まれる人は飲むべきじゃないんだよ。	
13	(143)	**Do you know that poem?**	46
		その詩，ご存知なのですか？	
14	(144)	**Huh! What do you know!**	50
		へ〜，驚いたなぁ！	
15	(144)	**Would you care to make a statement?**	51
		何か声明を出したいですか？	
16	(146)	**(I) couldn't agree with you more.**	55
		全くの同感です。	
17	(147)	**Get yourself some coffee.**	58
		コーヒーでも飲みなさい。	
18	(152)	**You got any money?**	60
		お金は持っているの？	
19	(153)	**Never carry money.**	63
		お金を持ち歩いたことは一度もありません。	
20	(154)	**All right, I'll drop you off —come on.**	65
		はいはい，わかりました。	
		あなたを途中まで送ってあげますよ——さあ早く。	
21	(161)	**You're so smart. I'm not drunk at all.**	68
		あなたってとても頭がいいですね。	
		私はまったく酔っ払っていません。	
22	(203)	**Is this the elevator? It's my room!**	71

		ここはエレベーターですか？　僕の部屋だよ！	
23	(210)	Sorry, honey,	76
		but I haven't worn a nightgown in years.	
		悪いけど，長い間ナイトガウンは着てないんだ。	
24	(211)	Will you help me get undressed, please?	80
		服を脱ぐのを手伝ってくれませんか？	
25	(290)	Did you lose something?	90
		何か失くしたのですか？	
26	(382)	I'm afraid I don't know anybody by that name.	93
		残念ながら，そのような名前の人は知りません。	
27	(409)	Would you like a cup of coffee?	97
		コーヒーはいかがですか？	
28	(437)	It has its moments.	103
		いつもではないけれど良い時もあるよ。	
29	(446)	That's all right, thank you. I can find the place.	105
		結構です。場所はわかります。	
30	(448)	It was very considerate of you.	110
		あなたってとてもご親切ですね。	
31	(453)	(It's a) Small world!	112
		なんて世間は狭いのでしょう！	
	(454)	I almost forgot.	
		もう少しで忘れるところでした。	
32	(475)	What a wonderful hair you have!	116
		なんて素敵な髪でしょう！	
33	(502)	It's perfect! You'll be nice without long hair. Now, it's cool, hum?	120
		完璧！　貴女は長髪じゃなくても素晴らしい。	
		さあ，涼しいでしょ？	
	(503)	It's just what I wanted.	
		まさにこのようにしたかったのよ。	

34 (547) **I'd better get a taxi and go back.** 124
タクシーを拾って帰らなくては大変なことになります。

35 (552) **Like what?** 129
たとえば？

36 (556) **Tell you what.** 134
ではこうしましょう。

37 (599) **Aren't you gonna introduce me?** 141
僕を紹介してくれないのかい？

38 (605) **You're a dead ringer for～.** 148
あなたって～にそっくりね。

39 (657) **What's that got to do with it?** 151
あれはそれと何の関係があるの？

40 (683) **You won't believe this but … it's my very first.** 155
信じられないでしょうが，本当に初めてです。

41 (819) **(Is) Everything ruined?** 162
すべて，だめになった？

42 (821) **Suits you.** 167
君に似合うよ。

43 (824) **Shall I cook something?** 169
何かお料理しましょうか？

(825) **Nothing to cook. I always eat out.**
料理するものは何もないんです。いつも外食するもので。

(827) **Life isn't always what one likes.**
人生は必ずしも思うようにはいきません。

44 (836) **The news can wait till tomorrow.** 178
ニュースは明日で結構です。

(838) **May I have a little more wine?**
もう少しワインを頂いてもよろしいでしょうか？

I'm sorry I couldn't cook us some dinner.
（私達のために）お料理を作れなくてごめんなさい。

xi

	(840)	**I'm a good cook.**	
		私，お料理は上手なんですよ。	
45	(841)	**Looks like I'll have to move.**	184
		引っ越ししなければいけないようだね。	
	(843)	**There's something that I want to tell you.**	
		君に言っておきたいことがある……。	
	(849)	**I don't know how to say good-bye.**	
		どのようにお別れを言っていいのかわかりません。	
		I can't think of any words.	
		どんな言葉も思いつきません。	
	(850)	**All right. Don't try.**	
		わかった。何も言わなくていいよ。	
46	(854)	**I am better.**	188
		よくなりました。	
	(907)	**Hey, what gives?**	
		一体どうしたんだい？	
	(933)	**You must be out of your mind!**	
		君は気が狂ってるに違いない！	
47	(955)	**Each in its own way was unforgettable.**	191
		いずこもそれなりに忘れ難く	
		（それぞれ街はそれなりに忘れることはできません。）	
48	(956)	**I will cherish my visit here in memory, as long as I live.**	194
		この訪問を一生懐かしく記憶にとどめることでしょう。	

前　編

『ローマの休日』映画台本

1953年　パラマウント映画

	＊パラマウントニュース			
1	Paramount News brings you a special coverage of Princess Ann's visit to London.		パラマウント・ニュースが，アン王女ロンドン訪問の特報をお伝えします。	
2	The first stop on her much publicized goodwill tour of European capitals.	COMMEN-TATOR:	これは広く報じられた欧州諸国・親善訪問で，ロンドンはアン王女が最初に訪れられた都市です。	☆much publicized：大いに宣伝された ☆goodwill tour：親善訪問，表敬訪問 ☆European capitals：欧州諸国
3	She gets a royal welcome from the British as thousands cheer the gracious young member of one of Europe's oldest ruling families.	COMMEN-TATOR:	ヨーロッパの最古の王室の一員である，この若く優雅な王女は，何千人ものイギリス人から国賓としての歓迎を受けられました。	
4	After three days of continuous activity and a visit to Buckingham Palace, Ann flew to Amsterdam where her Royal Highness dedicated the new International Aid Building and christened an ocean liner.	COMMEN-TATOR:	三日間にわたる公式行事やバッキンガム宮殿ご訪問の後，王女はアムステルダムへ向かわれ，新国際援助機構の除幕式や遠洋定期船の命名を行われました。	☆dedicate：(記念碑)の除幕式をする，(記念館を)開所する ☆christen：命名する ☆ocean liner：遠洋定期船
5	Then went to Paris, where she attended many official functions designed to cement trade relations between her country and the western European nations.	COMMEN-TATOR:	その後パリをご訪問，自国と西ヨーロッパ諸国との貿易関係の親密化を目的とした数々の公式行事に出席されました。	☆official functions：公式行事 ☆cement trade relations：貿易関係を強化する
6	And so to Rome … the Eternal City, where the princess' visit was marked by a spectacular military parade highlighted by the band of the crack Bersaglieri Regiment.	COMMEN-TATOR:	続いて，永遠の都ローマをご訪問されました。王女のご来訪は壮麗な閲兵式で華やかに迎えられ，中でも軍楽隊イタリアの狙撃連隊の軍楽隊は圧巻でした。	精鋭，イタリアの狙撃連隊の軍楽隊。 ☆highlight：～を強調する，～を目立たせる〔催し物などで～を〕目玉〔呼び物〕にする
7	The smiling young Princess showed no sign of the strain of the week's continuous public appearances.	COMMEN-TATOR:	若い王女は終始微笑みを浮かべられ，1週間にわたる公式行事の疲れを全くお見せになられませんでした。	
8	And at her country's Embassy that evening, a formal reception and ball, in her honor, was given by her country's Ambassador to Italy.	COMMEN-TATOR:	そして，その夜，母国の大使館において，王女歓迎の公式レセプションと舞踏会が，駐伊大使よって催されました。	☆ball：(公式の盛大な) 舞踏会
	＊大使館　レセプション会場			
9	Sua Altezza Reale … Her Royal Highness. His Excellency, the Papal Nuncio. Monsignor Altomonte.	M.C.:	王女妃殿下のお出ましです。アルトモンテ教皇大使閣下。	☆Her Royal Highness：妃殿下

(3)

10	*Eccellenta, piacere di conoscerLa.*	PRINCESS:	閣下，お目にかかれて光栄です。	☆イタリア語
11	*Grazie della bonta di vostra Altezza Reale … grazie.*	NUNCIO:	ご親切にありがとうございます，妃殿下。	☆イタリア語
12	*Sir Hugo Macey de Farmington.*	M.C.:	ヒューゴ・マーセー・デ・ファーミントン卿。	
13	Good evening, Sir Hugo.	PRINCESS:	こんばんは，ヒューゴ卿。	
14	Good evening, Your Royal Highness.	HUGO:	こんばんは，妃殿下。	☆呼び掛けは Your Royal Highness.
15	His Highness, the Maharajah of Khanipur, and the Rajkumari.	M.C.:	カニプールのマハラジャ，ラジクマリご夫妻。	☆His Highness：殿下
16	I'm so glad that you could come.	PRINCESS:	おいでくださって光栄です。	
17	Thank you.	RAJKUMARI:	ありがとうございます。	
18	Thank you, Madam.	MAHARAJAH:	ありがとうございます，王女様。	
19	*Freiherr Erika Messingfroner, Berington.*	M.C.:	ベリントンのフリヘル・エリック卿。	
20	*Guten Abend.*	PRINCESS:	こんばんは。	☆ドイツ語
21	*Prince Istvar Barlossy Nogyvaros.*	M.C.:	イスバル・バロシー王子。	
22	How do you do?	PRINCESS:	はじめまして。	
23	*Ihre Hoheit der Frust und die Frustin von und zu Lihtenstichenholz.*	M.C.:	リヒテンシュティッヘンホルツ公爵ご夫妻。	☆ドイツ語
24	*Guten Abend. Freut mich sehr.*	PRINCESS:	こんばんは。	☆ドイツ語
25	*Sir Hari Singh and Khara Singh …*	M.C.:	ハリ・シン，カラ・シンご夫妻。	
26	So happy …	PRINCESS:	光栄です。	
27	The Count and Countess von Marstrand.	M.C.:	マーストランド伯爵ご夫妻。	
28	Good evening, Countess. Good evening.	PRINCESS:	こんばんは，伯爵夫人。こんばんは。	
29	*Senor and Senora Joaquin de Camoes.*	M.C.:	ジョアン・デ・カモーシュご夫妻。	☆スペイン語
30	Good evening.	PRINCESS:	こんばんは。	
31	*Hassan El Din Pasha.*	M.C.:	ハッサン・エル・ディン・パシャ卿。	☆インド語
32	How do you do?	PRINCESS:	はじめまして。	
33	Your Highness.	AMBASSADOR:	妃殿下。	
34	*E per carita voglio assolutamente morire sulla nave, si … Perche … perche …*	ADMIRAL:	私は絶対に，船の上で死にたいと思っています。	☆イタリア語

＊王女の居室

35	I hate this nightgown. I hate all my nightgowns. And I hate all my underwear, too	PRINCESS:	このネグリジェ大嫌い。ネグリジェは全部大嫌い。下着もみんな大嫌い。	☆underwear：肌着（類），下着(不可算名詞として用いられる集合名詞なので，常に単数扱い) (例)furniture「家具」，baggage, luggage「手荷物類」，poetry「詩」．など．
36	My dear—you have lovely things.	COUNTESS:	素敵じゃありませんか。	
37	But I'm not two hundred years old. Why can't I sleep in pajamas.	PRINCESS:	私は年寄りじゃないのよ。パジャマで寝ては駄目なの？	
38	Pajamas!	COUNTESS:	パジャマですって？	
39	Just the top part. Did you know there are people who sleep with absolutely nothing on at all?	PRINCESS:	上だけよ。全くなんにも着ないで寝る人もいること知ってた？	☆with〜on：〜を身に着けて
40	I rejoice to say that I did not.	COUNTESS:	幸い，存じません。	
41	Listen!	PRINCESS:	聞いて！	
42	Oh, and your slippers! Please put on your slippers and come away from the window.	COUNTESS:	スリッパを！ スリッパを履いて窓から離れて下さい。	
43	Your milk and crackers.	COUNTESS:	ミルクとクラッカーでございます。	
44	Everything we do is so wholesome.	PRINCESS:	私達がすることは健全なことばかりね。	
45	They'll help you to sleep.	COUNTESS:	よく眠れますよ。	☆A help B to do.：AはBが〜するのを促進する／AはBが〜するのを手伝う。 ＊話し言葉ではtoは省略されることが多い。但し受け身の際は必ずtoを使う。 (例文)Can you help me do the dishes? 皿洗いを手伝って貰える？ ＊cf)help 人 with〜：(人の) 〜を手伝う (例文)I helped him with his homework. 彼の宿題を手伝った。
46	I'm too tired to sleep. (I shan't) sleep a wink.	PRINCESS:	疲れ過ぎて眠れないわ。一睡もできそうにないわ。	
47	Now, my dear—if you don't mind, tomorrow's schedule—or schedule—whichever you prefer. Both are correct. Eight-thirty breakfast here with the Embassy staff.	COUNTESS:	それでは，よろしければ，明日のスケジュールですが……8時30分に大使館員とここで朝食。	☆scheduleの発音に注意。イギリス英語なのでシェジュールに聞こえる。

48	Nine o'clock we leave for the Polinari Automotive Works, where you will be presented with a small car.	COUNTESS:	9時にポリナリ自動車工場へ出発。そこで小型自動車が贈られます。	☆presented（人）with（物）：（人）に（物）を贈呈する ＊普通に物をプレゼントするときはgiveを使う。
49	Thank you.	PRINCESS:	ありがとう。	
50	Which you will not accept.	COUNTESS:	これはご辞退なさってください。	
51	No, thank you.	PRINCESS:	辞退致します。	
52	Ten thirty-five, inspection of the Food and Agricultural Organization which will present you with an olive tree.	COUNTESS:	10時35分に食品農業組合の視察。そこでオリーブの木が贈られます。	
53	No, thank you.	PRINCESS:	結構です。	
54	Which you will accept.	COUNTESS:	これはお受け取りください。	
55	Thank you.	PRINCESS:	ありがとう。	
56	Ten fifty-five, the new Foundling Home for orphans. You will preside over the laying of the corner-stone—same speech as last Monday.	COUNTESS:	10時55分，新設の孤児院を訪問。そこで定礎式の主宰として，先週の月曜日と同じスピーチをします。	☆Foundling Home for orphans：児童養護施設，孤児院
57	Trade relations.	PRINCESS:	貿易関係のときのね。	
58	Yes.	COUNTESS:	そうです。	
59	For the orphans.	PRINCESS:	孤児に？	
60	Oh, no—no the other one.	COUNTESS:	おや，違います。もうひとつの方です。	
61	Youth and progress.	PRINCESS:	若者と進歩。	
62	Precisely. Eleven forty-five, back here to rest. No, that's wrong—eleven forty-five—conference here with the press.	COUNTESS:	そのとおり。11時45分，ここに戻って休憩。いいえ，間違いです——11時45分はここで記者会見です。	
63	Sweetness and decency.	PRINCESS:	愛らしく上品にね。	
64	One o'clock sharp, lunch with the Foreign Ministry. You will wear your white lace and carry a bouquet of	COUNTESS:	1時ちょうど，外務省の人と食事。白いレースを着て頂き花束を……	☆～o'clock sharp：～時ちょうど ☆Foreign Ministry：外務省
65	very small pink roses.	BOTH:	小さなピンクの薔薇の。	
66	Three-o-five—presentation of a plaque.	COUNTESS:	3時5分……額の贈呈。	
67	Thank you.	PRINCESS:	ありがとう。	
68	Four-ten … review special guard of *Carabiniere Police*.	COUNTESS:	4時10分，騎銃警察隊の視察。	☆Carabiniere：騎銃兵
69	No, thank you. How do you do?	PRINCESS:	辞退します。はじめまして。	

70	Four forty-five—back here to change into your uniform to meet the International …	COUNTESS:	4時45分，ここに戻り，軍服に着替えて会合。国際……	
71	Stop! Stop—stop—stop! (SOBS)	PRINCESS:	止めて！　止めて！（泣きじゃくる）	
72	It's all right. It didn't spill.	COUNTESS:	大丈夫です。こぼれませんでした。	
73	I don't care if it spills or not! (Mutters)	PRINCESS:	こぼれようと構わないわ！（つぶやく）	
74	My dear, you're ill.	COUNTESS:	おやまあ，王女様はご気分がすぐれないのですね。	
75	(SOBS)	PRINCESS:	（泣きじゃくる）	
76	I'll send for Dr. Bonnachhoven.	COUNTESS:	バナクホーベン先生を呼びにやりましょう。	☆send for〜：〜を呼びにやる
77	I don't want Dr. Bonnachhoven. Please let me die in peace!	PRINCESS:	先生は結構です。静かに死なせて下さい。	☆in peace：安らかに，静かに
78	You are not dying!	COUNTESS:	死ぬようなことはありません。	
79	Leave me! Leave me!	PRINCESS:	放っといて！	
80	It's nerves! Control yourself, Ann!	COUNTESS:	神経症です。落ち着いて下さい。アン王女！	☆nerves：神経過敏症，ヒステリー ＊What a nerve!：なんと図々しい！
81	I don't want to! (SOBS)	PRINCESS:	落ち着きたくなんかないわ！（むせび泣く）	
82	Your Highness! I'll get Dr. Bonnachhoven.	COUNTESS:	王女様！　先生を呼んできます。	
83	It's no use. I'll be dead before he gets here. (SOBS)	PRINCESS:	無駄です。先生がここへ着く前に死んでます。（泣く）	☆It's no use.：無駄だ。
84	She's asleep.	DOCTOR:	王女様はおやすみで……	
85	She was in hysterics three minutes ago, Doctor.	COUNTESS:	先生，王女様は3分前にはヒステリーを起こしました。	
86	Are you asleep, Ma'am?	DOCTOR:	おやすみですか，王女様？	
87	No!	PRINCESS:	いいえ！	
88	Hum … I'll only disturb Your Royal Highness a moment, (huh?)	DOCTOR:	王女様ちょっとの間だけ失礼します。	
89	I'm very ashamed, Dr. Bonnachhoven. I … suddenly I was crying.	PRINCESS:	とても恥ずかしく思います，先生。私は突然泣き出したのです。	
90	Humph. To cry—a perfectly normal thing to do.	DOCTOR:	泣くことは……全く普通のことですよ。	
91	It's most important she be calm and relaxed for the press conference, Doctor.	GENERAL:	記者会見では，王女様は冷静に落ち着いていることが大切です，先生。	☆important she be calm＝important that she should be calm

				*should は「話し手の提案」を表すため，〔提案・主張・要求〕の動詞や形容詞と that 節を作ります。should は91のセリフのように省略されることもあり，その場合，「動詞は原形のまま」で用います。
92	Don't worry, Doctor, I'll be calm and relaxed. I'll bow and I'll smile—I'll improve trade relations and I'll …	PRINCESS:	先生ご心配なく，静かに落ち着きますし，会釈して笑顔で……貿易関係を改善し，そして……	
93	There she goes again. Give her something, Doctor, please!	COUNTESS:	ほら，また始まりました。先生何かお薬を！	
94	No … (SOBS)	PRINCESS:	いりません。(むせび泣く)	
95	Uncover her arm.	DOCTOR:	腕をまくってあげて下さい。	☆tuck up one's trousers (sleeves)：ズボン(そで) をまくる。 ☆roll up one's sleeves：まくり上げる
96	(SOBS) What's that?	PRINCESS:	(すすり泣く) 何ですか？	
97	Sleep—and calm. This will relax you and make Your Highness feel a little happy. It's a new drug—quite harmless. There.	DOCTOR:	眠くなり心が穏やかになるものですよ。気が休まりますし，気分が良くなります。新薬で副作用はありません。さあどうですか。	
98	I don't feel any different.	PRINCESS:	何も変わりません。	
99	You will. It may take a little time to take hold. Just now, lie back—huh?	DOCTOR:	変化はあらわれます。効くには多少時間がかかるでしょう。今は横になっていて下さい。	☆take hold：効いてくる，定着する
100	Can I keep just one light on?	PRINCESS:	灯りを1つつけたままにしても良いですか？	☆keep ～on：～をつけっぱなしにしておく
101	Of course. Best thing I know is to do exactly what you wish for a while.	DOCTOR:	もちろんです。しばらくお気の召すままになさることが一番です。	
102	Thank you, Doctor.	PRINCESS:	ありがとう，先生。	
103	Oh, the General! Doctor, quick!	COUNTESS:	あら，将軍が！ 先生，早く！	
104	Oh!	DOCTOR:	おやおや！	
105	Hah!	PRINCESS:	あれっ！	
106	I'm perfectly all right! Good night, Ma'am!	GENERAL:	全く大丈夫です。おやすみなさい，王女様。	☆Ma'am：(英正式) (王族の女性に) 王女 (女王) 様
107	Good night, Ma'am!	DOCTOR:	おやすみなさい，王女様。	

| 108 | Good night, Doctor. | PRINCESS: | おやすみなさい，先生。 | |

＊新聞記者ジョー，仲間とポーカーゲームを楽しんでいる。

109	Bet five hundred.	CASH:	500賭けるよ。	☆bet：賭ける
110	Five hundred. How many?	JOE:	500か。何枚？	
111	One.	IRVING:	1枚。	
112	I'll take one.	CASH:	俺も1枚。	
113	Three.	JOE:	3枚だ。	
114	Four.	MAN:	4枚。	
115	Boy! Two for papa.	JOE:	親に2枚。	
116	Five hundred more.	MAN:	もう500だ。	
117	Without look-in.	JOE:	勝ち目なしでもいいや。	☆look-in.：勝利の見込み
118	Five hundred and—uh I'll raise you a thousand.	IRVING:	500か……うーん……1000に上げるよ。	
119	Two pairs.	CASH:	ツーペアだ。	
120	Oh, well, I've got three shy little sevens.	JOE:	おれのは，シャイな7のスリーカードってこだ。	
121	A nervous straight.	IRVING:	おれはナーバスなストレート。	
122	Come home, you fools. Look at that! Six thousand—five hundred—not bad. That's ten bucks. Uh—one more round and I'm gonna throw you gents right out in the snow.	IRVING:	お帰り，お馬鹿さん（お金のこと）。なんと，6500か。悪くないね，10ドルになる。もう1回やれば，君達をすってんてんにするよ。	☆throw you gents right out in the snow：雪の中に（裸にして，即ち全財産を奪い取り）君達を放り出す。 ☆buck：ドル ☆gen：gentlemanの短縮形
123	I gotta get up early. Date with Her Royal Highness who will graciously pose for some pictures.	IRVING:	早く起きなきゃなんないんだ。王女様が優雅に写真のポーズを取ってくれる約束があるんだ。	
124	What do you mean early? My personal invitation says 11:45.	JOE:	早いとはどういうことだい？ 俺の招待状には11時45分と書いてあるよ。	☆say： ～と書いてある
125	Couldn't be anything to do with the fact that you're ahead?	MAC:	君が勝っているのと何か関係があるのかね？	☆You're ahead.：勝っている。
126	It could.	IRVING:	かもね。	
127	Well it works out fine for me. This is my last five thousand. And you hyenas are not gonna get it. Thanks a lot, Irving. (Yeah!) See you at Annie's little party in the morning.	JOE:	俺にはちょうどいいや（＝ここで降りるよ）。これが最後の5千リラだ。お前らハイエナには取らせないよ。ありがとう。明朝アンのパーティー（＝記者会見）で会おう。	☆work out：うまくいく，解決する （例文）It worked out beautifully. 見事にうまくいった。
128	*Ciao, Joe.* Yeah, *Ciao.*	IRVING:	じゃーな。	

129	Good night, Joe. Stay sober.	OTHERS:	おやすみ，ジョー。しらふでいろよ。	
130	All right, a little seven card stud?	IRVING:	よーし，セブン・カード・スタッド・ポーカーどうだい？	☆セブンカードスタッドポーカー：カジノで一般的に行われているポーカー。5回の賭けが行われ高度な駆け引きが要求される。

＊路上でうたた寝している王女。通りかかるジョー

131	So happy. How are you this evening? (MOANS SLEEPILY)	PRINCESS:	嬉しく思います。ご機嫌いかがですか？（寝ぼけてうめく）	
132	Hey—hey—hey—hey! Hey, wake up!	JOE:	ほら，ほら，目を覚ましなさい。	
133	Thank you very much—delighted.	PRINCESS:	ありがとう。嬉しく思います。	
134	Wake up.	JOE:	目を覚ましなさい	
135	No, thank you … Charmed.	PRINCESS:	辞退します。初めまして。	
136	Charmed, too.	JOE:	初めまして。	
137	You may sit down.	PRINCESS:	座ってもよろしい。	☆You may sit down.：〜してもよろしい，と上からの目線でいっている。（なのでジョーはむっとしている）
138	I think you'd better sit up. You're much too young to get picked up by the police.	JOE:	起きないとまずいと思うよ。警察にしょっぴかれるにはまだ若すぎるよ。	☆get picked up：逮捕される ＊[get+過去分詞の形で]"……される""(〜の状態に) なる"。受動態の一種で動作の変化を強調。一時的な状態を表わす場合のみに用いられ，永続的な状態を表す過去分詞と使う事はできない。この場合の過去分詞は状態を表す形容詞的なもの。 (例)get married：結婚する get drunk：酔う get hurt：けがをする
139	Police?	PRINCESS:	警察に？	
140	Yeah—po—lice.	JOE:	そう，けいさつ。	
141	Two fifteen and back here to change. Two forty-five …	PRINCESS:	2時15分にここに戻って着替える。2時45分には……	
142	You know, people who can't handle liquor, shouldn't drink it.	JOE:	酒に飲まれる者は飲んではならないんだよ。	☆handle liquor：お酒をコントロールする

143	If I were dead and buried and I heard your voice—beneath the sod my heart of dust would still rejoice. Do you know that poem?	PRINCESS:	「我死して埋葬されようとも，君の声聴かば，芝の下にても我が心喜ばん」この詩をご存知ですか？	
144	Huh! What do you know! You are well-read … well-dressed … snoozing away in a public street. Would you care to make a statement?	JOE:	驚いたな！　教養もあるし，身なりも良いし……公道でうたた寝するなんて。ひとつご声明でもいかがですか？	☆well-read：博識の ☆well-dressed：身なりの良い
145	What the world needs is a return to sweetness and decency in the souls of its young men and … (MOANS)	PRINCESS:	世界が求めるものは，若者が持つ親切さと上品さを取り戻すことである……（眠そうな声でうめく）	
146	Yeah, yeah. (I) couldn't agree with you more, but … uh …	JOE:	そう，全く同感だが……	
147	Get yourself some coffee. You'll be all right.	JOE:	コーヒーでも飲むといいよ。そうすりゃ大丈夫だ（目が醒めるよ）。	
148	Look, you take the cab.	JOE:	ほら，タクシーを拾いなさい。	
149	Mmm ….	PRINCESS:	うーん……	
150	Come on—climb in the cab and go home.	JOE:	さあさあ，タクシーに急いで乗って帰りなさい。	☆climb in, climb into： （車などに）乗り込む，急いで着る ＊hop in, jum in：飛び乗る
151	So happy.	PRINCESS:	嬉しく思います。	
152	You got any money?	JOE:	金はある？	
153	Never carry money.	PRINCESS:	お金など持ち歩きません。	
154	That's a bad habit. All right, I'll drop you off—come on.	JOE:	それは悪い習慣だ。よーし，車で送って行くよ，さあさあ。	
155	It's a taxi!	PRINCESS:	タクシーじゃありませんか！	☆アンは王女なので，タクシーに乗ったこともなく，あまり見たこともなかったのか，タクシーを見て，「タクシーだ！」と驚きの声を上げている。
156	It's not the Super Chief.	JOE:	スーパー・チーフじゃないよ。	☆the Super Chief（スーパー・チーフ）は，アメリカ大陸横断のサンタフェ鉄道の豪華列車のこと。セレブに人気の列車となりスターの列車という別名がついたほど。

				ジョーはタクシーを見て驚く彼女に対し,「セレブに人気の豪華列車ではない,タクシーに決まっているだろ」と皮肉を言っている。またスーパーチーフには寝台車もついていたので,ふらふら路上でうたた寝していた彼女に「寝台車ではないよ」と言っているとも解釈できる。
157	*Dove andiamo?* Where're we going?	DRIVER:	どちらまで？	
158	Where do you live?	JOE:	どこに住んでる？	
159	Hmmm? Colosseum.	PRINCESS:	え？　コロシアムです	
160	Now, come on, you're not that drunk.	JOE:	さあさあ、君はそれほど酔ってないよ。	☆not that drunk：それほど酔ってない ＊that は程度を表す
161	You're so smart. I'm not drunk at all. I'm just being very happy.	PRINCESS:	あなたは頭が良いですね。私は全然酔ってません。ただ、今がとても幸せなんです。	☆be 動詞＋being＋形容詞：「形容詞の状態が一時的に続いていることを表します。 (例)He was probably just being modest. 彼はきっと（その時）謙遜していたのよ。
162	Hey now don't go to sleep again. Come on.	JOE:	おいおい寝入っちゃ駄目だよ。さあ。	
163	*Per favore, signore ... ho detto dove andiamo?* Where are we going?	DRIVER:	お客さん、どちらまでですか？	
164	*Lo diro in un momento dove fermare.*	JOE:	今すぐ行き先を言うから。	
165	Okay.	DRIVER:	あいよ。	
166	Look, now where do you want to go? Hmmm? Where shall I take you? Where do you live?	JOE:	ほら、どこへ行きたいんだい？　どこへ連れて行けばいいのかい？どこに住んでるかい？	
167	(MUTTERS)	PRINCESS:	（ぶつぶつつぶやく）	
168	Come on.	JOE:	さあさあ。	
169	(MUTTERS)	PRINCESS:	（ぶつぶつつぶやく）	
170	Come on—where do you live?	JOE:	ほれ、どこに住んでる？	
171	(MUTTERS) Oh, oh ... I ...	PRINCESS:	（ぶつぶつつぶやく）	
172	Come on—where do you live?	JOE:	さあ、どこに住んでんの？	
173	(MUTTERS) Colosseum.	PRINCESS:	（ぶつぶつと）コロシアムです。	
174	She lives in the Colosseum.	JOE:	コロシアムだってさ。	

(12)

175	Is wrong address. Now, look, *signore*, for me it is very late night *and mia moglie* … *wife* … I have *tre bambino* … *tre bambino* … *ah* … *you know bambino* … *my taxi go home. I go home, too* … *together, signore* …	DRIVER:	そりゃ違いますよ。あのね、もう夜遅いし、妻と3人の子供が待っているんだ。帰っちまうよ。	☆tre bambino：3人の子供（イタリア語） ☆bambino：（最後がoは男、aは女）
176	*Via Margutta 51*.	JOE:	マルグッタ通り、51番。	
177	*Via Margutta 51! Oh, molto bene!*	DRIVER:	マルグッタ通り、51番ね。やれやれ良かった。	
178	*Here is Via Margutta 51* … *Cinquantuno. I am very happy. Thousand lira* … *mille lire*.	DRIVER:	マルグッタ51に着きました。やれやれ。1000リラです。	☆lira：リラ（イタリアの通貨、現在はユーロ） ＊lire：liraの複数形
179	*Mille. Cinquemila*.	JOE:	1000か、5000で頼む。	
180	*One* … *two* … *three* … *four mila*.	DRIVER:	1と2と3と4000だ。	
181	*Okay. Mille per te*.	JOE:	君に1000リラチップだ。	
182	*For me?*	DRIVER:	俺に？	
183	*Si*.	JOE:	そう。	
184	*Oh, grazie mille*.	DRIVER:	ありがとう。	☆Grazie：（グラッツィエ）ありがとう。（＝Thank you. / Thanks.） ☆grazie mille.：本当にありがとう（＝thank you very much）
185	Okay—okay. Now, look—take a little bit of that …	JOE:	いいよ、いいよ。それ少ないけど取っておいてくれ……	
186	Yeah …	DRIVER:	え……	
187	Take her wherever she wants to go, huh?	JOE:	彼女が行きたいとこ、どこへでも連れてってくれ、な？	
188	Aah-haah?	DRIVER:	はいはい。	
189	*Capito? Capito?*	JOE:	わかった？	☆Ho capito（オ・カピート）：分かりました。（＝understand）
190	(GRUNTS)	DRIVER:	（不機嫌そうになる）	
191	*Buona notte*.	JOE:	おやすみなさい。	
192	Good night. *Buona notte*. Oh! *Un momento—momento—momento!* No, no, no, no, no …	DRIVER:	おやすみ。あ！ちょっと待った、待った！	
193	All right—all right. Look, as soon as she wakes up, see?	JOE:	ほら、彼女が目を覚ましたら……わかる？	
194	Yes.	DRIVER:	うん。	

195	She'll tell you where she wants to go. Okay?	JOE:	どこへ行きたいか言うよ，わかった？	
196	Momento—momento. My taxi is not for sleep—my taxi is no sleep—understand—you understand?	DRIVER:	待った，待った。俺のタクシーは眠るためじゃないよ，眠るんじゃないよ。わかった？	
197	Look, pal, this is not my problem, see? I never see her before.	JOE:	あんた，これは俺の問題じゃないんだ，わかる？ 彼女には会ったことないんだよ。	
198	Is not your problem—is not my problem. What you want? You don't want girl, yeah? Me don't want girl. Polizza! Maybe she want girl!	DRIVER:	あんたの問題でもないし，俺の問題でもない。どうするつもり？ あんたは女は要らないし，俺も要らない。そうだ，警察だ！ 要るかも知れない。	
199	Stai calmo … stai calmo … okay … okay … okay. Va bene.	JOE:	落ち着いて，落ち着いて，わかったよ。(もういいよ)	☆イタリア語 Va bene：うまくいってる，調子いい，大丈夫だ＝Go Well.
200	Va bene.	DRIVER:	それで結構。	
＊ジョーのアパート				
201	So happy … so happy.	PRINCESS:	嬉しく思います。	
202	I ought to have my head examined.	JOE:	頭を検査しなくては。	
203	Is this the elevator?	PRINCESS:	これはエレベーターですか？	
204	It's my room!	JOE:	俺の部屋だよ。	
205	I'm terribly sorry to mention it, but the dizziness is getting worse. Can I sleep here?	PRINCESS:	こんなこと言って大変失礼ですが，めまいが段々酷くなってきました。ここで眠ってもよろしいですか？	☆mention～： ～を話に出す，～に言及する ☆get more： (物事・病気などが)悪くなる ＊get better： 良くなる
206	That's the general idea.	JOE:	それが普通だな（そうするよりないだろうな）。	☆That's the general idea.：もっともだ。それが普通だな。(決まり文句)
207	Can I have a silk nightgown with rosebuds on it?	PRINCESS:	薔薇のつぼみが付いたナイトガウン（ネグリジェ）を戴けますか？	
208	I'm afraid you'll have to rough it tonight—in these.	JOE:	今夜は我慢しなくちゃな——これで。	☆rough it：不便を忍ぶ(キャンプなどで)不便な生活をする
209	Pajamas?	PRINCESS:	パジャマですか？	
210	Sorry, honey, but I haven't worn a nightgown in years.	JOE:	悪いけど君，俺はナイトガウンは着ていないんだよ，何年も。	☆in years＝for years ＊in は no, not, first, only, 最上級などの文で。

211	Will you help me get undressed, please?	PRINCESS:	脱ぐのを手伝って下さいませんか？	☆get undressed：服を脱ぐ ＊get undressed の反意語は，get dressed：服を着る．(きちんとした服に) 着替える
212	Uh … okay. Uh … there you are—you can handle the rest.	JOE:	うーん……え〜っと……あとは自分で出来るだろ．	
213	May I have some?	PRINCESS:	少し頂けますか？	
214	No! Now, look!	JOE:	駄目だよ，さあ，いいかい！	
215	This is very unusual. I've never been alone with a man before, even with my dress on. With my dress off, it's most unusual. Hmm. But I don't seem to mind. Do you?	PRINCESS:	これは普通ではありません．服を着ている時でさえ，男性と2人きりになったことはありません．服を着てないときにそんなことはあり得ません．でも私気にしてないようですわ．あなたはどうですか？	☆with〜on：〜を身に着けて (⇔with〜off) ＊a girl with red shoes on（＝a girl in red shoes）赤い靴を履いた女の子
216	I think I'll go out for a cup of coffee. You'd better get to sleep.	JOE:	さてコーヒーでも飲みに行ってこよう．君はもう寝なさい．	☆get to sleep：寝付く，眠りにつく
217	Oh, no. On this one.	JOE:	違うよ，この上だよ．	
218	So terribly nice.	PRINCESS:	大変有り難く思います．	
219	Okay. These are pajamas. They're to sleep in. You're to climb into them. You understand?	JOE:	こっちだよ，これがパジャマ．眠るためのもんだよ．急いで着るんだよ．わかった？	☆climb into〜：〜を急いで着る ＊climb into them の them は pajamas
220	Thank you.	PRINCESS:	ありがとう．	
221	Then you do your sleeping on the couch, see? Not on the bed—not on the chair—on the couch. Is that clear?	JOE:	この長椅子で眠りなさい，わかった？ ベッドじゃないよ，椅子でもないよ，長椅子の上だよ．わかったかい？	☆ジョーは上からの目線でわかったかい？を3連発． ＊Is that clear? / You understand?. / See? わかったかい？
222	Do you know my favorite poem?	PRINCESS:	私の好きな詩をご存知ですか？	
223	Uh huh—you already recited that for me.	JOE:	もう俺に朗読してくれたよ．	
224	Arethusa arose from her couch of snows, in the Acroceraunian Mountains. Keats.	PRINCESS:	「雪中で長椅子より起き上がりしアレトゥーサは，アクラセラニアンの山々に」キーツです．	☆Percy Bysshe Shelley：パーシー・ビッシュ・シェリー（1792-1822）により1820年に書かれた作品でギリシア神話のニンフ，アレトゥーサの物語を描いている．作者は映画の中でアンが言うキーツではなくジョーの言うシェリーが正しい．

				cf) アンの親善旅行はイギリスから始まりイタリアのローマで終わる。シェリーはイギリスに生まれイタリアに憧れて渡り若くして死にローマの墓地に埋葬された。また，アンが勘違いしていたキーツもイギリスに生まれ，ローマでその生涯を閉じる。アンがソフトクリームを食べていたスペイン階段のすぐそばには，シェリーとキーツの記念館がある。
225	Shelley.	JOE:	シェリーだよ。	
226	Keats.	PRINCESS:	キーツです。	
227	You just keep your mind off the poetry and on the pajamas and everything will be all right, see?	JOE:	詩は気にしないでパジャマに着替えろ。そうすりゃ全てOKだ，わかる？	☆keep one's mind off～：～のことは考えないで（～を頭から外す）⇔ keep one's mind on：～に専念する，～に夢中になる
228	It's Keats.	PRINCESS:	キーツですわ。	
229	I'll be—it's Shelley—I'll be back in about ten minutes.	JOE:	えーと……シェリーだよ……10分程で戻るよ。	☆in：（今から）～の後に／経って（現在を基点として未来を言う場合に使う）
230	Keats.	PRINCESS:	キーツです。	
231	You have my permission to withdraw.	PRINCESS:	下がってよろしい。	
232	Thank you very much.	JOE:	ありがとうございます。	

＊大使館

233	Well?	AMBASSADOR:	どうだ？	☆Well?（1回）：相手の返事を促している。
234	No trace, Your Excellency.	GUARD:	何の形跡もありません，閣下。	
235	Have you searched the grounds?	AMBASSADOR:	構内は捜したのか？	
236	Every inch, sir, from the attics to the cellar.	OFFICER:	屋根裏から地下室まで隈無く捜しました。	
237	I must put you on your honor not to speak of this to anyone. I must remind you that the Princess is the direct heir to the throne. This must be classified as top crisis secret. Have I your pledge?	AMBASSADOR:	この件は絶対に口外しないように。王女様は王位第一継承者である。最高機密扱いですな。よろしいですな？	☆put you on your honor：あなたの名誉にかけて ☆heir to the throne：王位継承者 ☆top crisis secret：最高機密（状態をあらわすので冠詞はつかない）

238	Yes, sir.	OFFICER:	はい，閣下。	
239	Very well.	AMBAS-SADOR:	よろしい。	
240	Now we must notify Their Majesties.	AMBAS-SADOR:	両殿下にご報告しなくては。	☆notify：〈英〉（正式に～を）通知する，告知する（＝tell, inform） ☆Their Majesties：両陛下

＊ジョー，自分の部屋へ戻ってくる

241	Huh? Oh?	JOE:	おや？	
242	So happy.	PRINCESS:	嬉しく思います。	
243	The pleasure is mine. Screwball!	JOE:	どう致しまして。変な女だ！	☆The pleasure is mine.（丁寧） ＝It's my pleasure.
244	A SPECIAL EMBASSY BULLETIN REPORTS … THE SUDDEN ILLNESS OF HER HIGHNESS THE PRINCESS ANN.	BULLETIN:	ニュース速報大使館特別発表によればアン王女は急病になられたとのこと。	
245	Holy smoke—the Princess' interview! Eleven forty-five!	JOE:	しまった，王女の記者会見だ，11時45分の！	☆Holy smoke!：〈俗〉おやまあ！ なんてことだ！ なんとまあ！ しまった！ （驚き・困惑・怒りなどを表す） ＝Holy cats! / Holy cow! / Oh my God!
246	Oh …	PRINCESS:		
247	Oh, shit!	JOE:	くそっ！	
248	Princess Ann Taken Ill. Press Interview Cancelled.	CAPTION:	アン王女の記者会見，病により中止。	

＊ジョーの勤める通信社

249	Morning, Joe.	MISS RICCARDI:	おはよう，ジョー。	
250	Hello, honey.	JOE:	おはよう，君。	
251	Mr. Hennessy has been looking for you.	MISS RICCARDI:	ヘネシーさんがあなたをずっと探してますよ。	
252	Oh—oh. Thanks a lot, hon.	JOE:	えーまずいな。ありがとう，君。	☆Oh—oh.＝Uh-oh.：あれれ（これは驚いた），こりゃあいけない。
253	Come in!	HENNESSY:	入れ！	
254	You've been looking for me?	JOE:	私をお探しですか？	
255	Just coming to work?	HENNESSY:	今ご出勤かい？	
256	Who—me?	JOE:	誰？　私？	
257	We start our days at eight-thirty in this office! We pick up our assign …	HENNESSY:	ここのオフィスは8時半に始まるんだ。それから，仕事の割り振りは……	

258	I picked mine up last night.	JOE:	私のは昨夜決めました。	
259	What assignment was that?	HENNESSY:	何の仕事かね、それは？	☆assignment： 仕事の割り当て (＝duty)
260	The princess—eleven forty-five.	JOE:	王女様、11時45分。	
261	You've already been to the interview?	HENNESSY:	君はもう記者会見に行ってきたのかい？	
262	Why, sure—I just got back.	JOE:	勿論ですとも、今戻ったところです。	
263	Well—well—well. All my apologies.	HENNESSY:	驚いたな。そりゃ悪かった。	
264	It's all right.	JOE:	構いませんよ。	
265	This is very interesting.	HENNESSY:	こりゃ面白い。	
266	No, just routine.	JOE:	いや、いつものことですよ。	
267	Tell me, tell me, did she answer all the questions on the list?	HENNESSY:	さあ言ってくれ、王女様はリストの質問に全部こたえたのか？	
268	Well, of course she did. I've got'em right here—somewhere.	JOE:	ええ、勿論です。ほらここにありますよ。あれ、どこかな？	
269	Oh, don't disturb yourself—I have a copy here. How did Her Highness react to the idea of a European Federation?	HENNESSY:	わざわざしなくても（探さなくても）良いよ――ここに写しを持ってるよ。王女様は欧州連合案にはどんな反応だったかい？	
270	She thought it was just fine.	JOE:	結構なことだとお考えでした。	
271	She did?	HENNESSY:	本当かい？	
272	Well, she thought that there'd be two effects.	JOE:	ええーと、王女様は2つの効果があるとお考えでした。	
273	Two.	HENNESSY:	2つか。	
274	The direct and the indirect.	JOE:	直接的なものと間接的なものです。	☆the direct： 直接的なもの ☆the indirect： 間接的なもの ☆the＋形容詞＝抽象名詞
275	Remarkable.	HENNESSY:	素晴らしい。	
276	Naturally, she thought that the indirect would not be as direct as the direct. That is, not right away.	JOE:	当然、王女様はお考えでしたが、間接的なものは直接的なものより直接的でなくと。即ち、今すぐということではありません。	
277	No, no, no, no, no.	HENNESSY:	そう、そう。そうだよ。	
278	Later on, of course, well—nobody knows.	JOE:	後で、勿論ですが……誰にもわかりません。	

279	Well, well, well—that was a shrewd observation. They fool you, you know—these royal kids. They've got a lot more on the ball than we suspect. How did she feel about the future friendship of nations?	HENNESSY:	これは，これは！　驚いた。それは賢い見方だ。彼らは君をからかっているよ，つまり王家の連中だが。彼らは我々が思う程馬鹿ではないよ。国家間の友情について彼女はどう感じていたかい？	☆have a lot on the ball：有能である／能力がある ☆How do you feel about～?：～についてどう思いますか？＝What do you think about～?
280	Youth. She felt that the youth of the world must lead the way to a better—world.	JOE:	若者です。王女は世界の若者がリードしてより良い世界にしなければならないとお感じのようでした。	
281	Uh—huh. Original. Uh, by the way, what was she wearing?	HENNESSY:	素晴らしい（独創的だ）。ところで，王女様はその時何を着ていた？	
282	Oh, you mean what did she have on?	JOE:	身につけていたという意味ですか？	☆have on＝wear：（身に着けている）
283	Well, that's usually what it means. Uh, what's the matter—is it a little warm in here for you?	HENNESSY:	普通そういう意味だよ。どうした？　ここは少し暑いのかい？	
284	No, no—I just hurried over here. That's all.	JOE:	いえいえ，ちょっと急いできたもんで，それだけですよ。	
285	Oh, naturally, with a story of these dimensions. Did you say she was wearing grey?	HENNESSY:	これ程のネタじゃ当然だろうよ。その時王女様はグレーのを着ていたのかい？	☆story：記事（article, piece），（ニュース・新聞などの）ネタ ☆grey（主に英）：＝gray
286	No, I didn't say that.	JOE:	いいえ，そうは言ってません。	
287	Well, she usually wears grey.	HENNESSY:	王女様は，普通グレーを着ているよ。	
288	Oh,—well…un…it was a kind of a grey.	JOE:	あ，そう，ある種のグレーのようなものでしたよ。	
289	Oh, I think I know the dress you mean. It has a gold collar around the neck. Yeah, that's the one.	HENNESSY:	君の言ってるドレスってのはわかる気がするよ。首の回りが金色のカラーで，そう，それなんだ。	
290	That's the one—that's the one—yeah, I didn't know exactly how to describe it, but that's it.	JOE:	それそれ，そうです，どのように説明するのか正確にはわからなかったけど，それですよ。	
291	I think you described it very well.	HENNESSY:	うまく説明した思うよ。	
292	In view of the fact that Her Highness was taken violently ill at three o'clock this morning—put to bed with a high fever and has had all of her appointments for today cancelled in toto!	HENNESSY:	ところが実は，王女様は早朝の3時に急病に見舞われ，高熱で床に臥されて，今日の予定は中止になったんだ，全部がだよ。	☆in view of～：～（事）のために，～から考えて（＝in my view）

				☆put ~to (in) bed：（人を）ベッドに寝かせる、寝かしつける、床につかせる ☆in toto：全部で（ラテン語 on the whole の意）
293	In ... toto ...?	JOE:	全部？	
294	Yes, Mr. Bradley—in toto!	HENNESSY:	そう、ブラッドリー君、全部だよ。	
295	That's certainly pretty hard to swallow.	JOE:	呑み込む（理解）にはちと難しい。	
296	In view of the fact that you just left her, of course.	HENNESSY:	そうだろう、当然、君は王女様と別れて来たばかりだな。	
297	But here it is, Mr. Bradley, all over the front page of every newspaper in Rome!	HENNESSY:	だが、ほらここにあるよ、ブラッドリー、ローマ中の新聞一面全部にだよ。	☆the front page：トップ（一面）記事
298	All right—all right—I overslept.... It could happen to anybody.	JOE:	わかりました、寝過ごしたのです、誰にだってあり得ることですよ。	*It always happens.：よくあることです。 *It happens.：そういうときもある。 *It happens all the time.：いつものことだから。 *I won't happen again.：もう二度としません。（今後気を付けます）
299	If you ever got up early enough to read a morning paper, you might discover little news events, little items of general interest,	HENNESSY:	君が朝刊を読める位早起きでもしてたら、些細なニュース記事や大衆好みの新聞ネタでも見つけていただろう。	
300	that might prevent you in the future from getting enmeshed in such a gold-plated, triple-decked, star-spangled lie as you have just told me!	HENNESSY:	そうしたら、キンキラキンに飾りたてた、三段重ねのこんな大嘘なんぞつかないで済んだだろうに。	☆get enmeshed in ~：~に巻き込まれる ☆prevent (keep, stop)~from ...ing：~が...するのを防ぐ（邪魔する）、~に...させない ☆gold-plated, triple-decked, star-spangled lie：金メッキされた（すぐはがれる）、三段重ねの（崩れやすい）、星がちりばめられたようにゴテゴテしたうそ
301	If I were you I'd try some other line of business, like mattress testing....	HENNESSY:	もし俺が君だったら、マットレスのテストのような他の仕事を探すよ。（寝坊するので寝具の仕事がいいよという嫌み）	☆line of business：業種、職業 *What line of business are you in?：ご商売は何ですか？

(20)

302	Is this ... the Princess?	JOE:	これが……王女様？	
303	Yes, Mr. Bradley! That is the Princess! It isn't Annie Oakley, Dorothy Lamour, or Mme. Chiang Kai Shek. Take a good look at her—you might be interviewing her again some day.	HENNESSY:	そうだ，ブラッドリー！王女様だ。アニー・オークレイとか将介石夫人じゃないよ。よーく見ろ。いつかまた会見するかもな。	☆Annie Oakley：アニー・オークレイ（1860年～1926年）オハイオ州生まれの女性の射撃名手。ミュージカルおよび映画「アニーよ銃をとれ（Annie Get Your Gun）」は彼女が題材となっている。 ☆Dorothy Lamour：ドロシー・ラムール（1914年～1996年）はルイジアナ州ニューオリンズ出身の女優。 ☆Mme. Chiang Kai Shek：蒋介石夫人（宋　美齢1897年～2003）2003年10月23日，ニューヨークの自宅で死去（106歳）。
304	Am I fired?	JOE:	私はクビですか？	
305	No, you're not fired. When I want to fire you, you won't have to ask, you'll know you're fired.	HENNESSY:	いいや。クビにしたい時は，俺に聞く必要ないよ，自分でわかるさ。	
306	The man is mad!	HENNESSY:	あいつはどうしてるよ。	
＊電話をかけるジョー				
307	(INTO PHONE) Pronto.	GIOVANNI:	（電話に）もしもし。	
308	(INTO PHONE) Giovanni, this is Joe Bradley. Now listen carefully. I want you to hurry up to my place and see if there's somebody there—asleep.	JOE:	（電話に）ジョバンニ，ブラッドリーだ。よ～く聞いてくれ。俺の部屋へ急いで行って誰か眠ってる者が居るか見て欲しいんだ。	
309	(INTO PHONE) Aha! Si, Mr. Joe, I look subito, you wait ... aspetta.	GIOVANNI:	（電話に）ジョーさんかい。すぐに見てみるからちょっと待ってくれ。	
310	(INTO PHONE) Mr. Joe?	GIOVANNI:	（電話に）もしもし，ジョーさん？	
311	(INTO PHONE) Yeah! Yeah, yeah, tell me—tell me!	JOE:	（電話に）さあ言ってくれ。	
312	(INTO PHONE) Bellissima!	GIOVANNI:	（電話に）超美人だよ！	☆bellissima：すごい美女 ＊bello（美しい）というイタリア語の最上級がbellissimo，bellissimaは女性名詞
313	(INTO PHONE) Giovanni, I love you! Now, listen!	JOE:	（電話に）ジョバンニ，いいから，聞いてくれ！	

314	(INTO PHONE) Yes, Mr. Joe, a gun? No!	GIOVANNI:	（電話に）あいよ，ジョーさん。銃？　駄目だよ！	
315	(INTO PHONE) Yes, a gun! A knife—anything! But nobody goes in and nobody goes out! Capito?	JOE:	（電話に）そう，銃だよ。刀でも何でもだ！誰も入れるな，誰も出すな，わかったかい？	
316	(INTO PHONE) Okay.	GIOVANNI:	（電話に）わかった。	
＊再び編集長の部屋に戻ってきたジョー				
317	(Are) you still here?	HENNESSY:	まだ居たのか？	
318	How much would a real interview with this dame be worth?	JOE:	この女の本当の会見だったら幾らですかね？	
319	Are you referring to Her Highness?	HENNESSY:	王女様のことを言ってるのかね？	
320	I'm not referring to Annie Oakley, Dorothy Lamour or Madame Chiang Kai Shek. (HENNESSY MUMBLES) How much?	JOE:	アニー・オークレイとかドロシー・ラムールとか将介石夫人とかのことを言ってるのではないんですが，(Hennessyがぶつぶつと口をはさむ）いくらですか？	
321	What do you care? You've got about as much chance of getting …	HENNESSY:	何を気にしてるんだ？（そんなことは君の構うことではないと暗示している）チャンスはないよ。[a snowball's chance in hell]	
322	I know—but if I did—how much would it be worth?	JOE:	わかってます。でも，もし出来たら，いくら位の価値がありそうですか？	
323	Oh, just a plain talk on world conditions might be worth—two hundred and fifty. Her views on clothes, of course, would be worth a lot more—maybe a thousand….	HENNESSY:	世界情勢に関する簡単な説明だけなら，250位。ファッションについての意見なら勿論もっとだ。そうだな1000位かな。	☆plain talk：簡単な，単純な話 ＊plain English：わかりやすい英語． ＊plain clothes：地味な服。（警察官・警備員などの）私服． ＊plain dish：あっさりした味の料理 ☆views on～：～についての意見，考え方
324	Dollars?	JOE:	ドルで？	
325	Dollars.	HENNESSY:	ドルでだ。	
326	I'm talking about her views on everything.	JOE:	全てに対する彼女の意見について言ってるのですが。	
327	Huh?	HENNESSY:	え？	

(22)

328	The private and secret longings of a Princess … her innermost thoughts as revealed to your Rome correspondent in a private, personal exclusive interview. Can't use it, huh? I didn't think you'd like it.	JOE:	王女の個人的なマル秘の願望（憧れ）とか，本人の独占会見で貴社のローマ通信員（私）に明かした彼女の内に秘めた考えとか……使えませんか？　どうも編集長は好きではなさそうだ。	☆innermost：内に秘めた ☆exclusive interview：独占インタビュー
329	Come here! Love angle, too, I suppose?	HENNESSY:	ちょっとこっちへ。恋愛観の方もかね？	☆angle：角度，視点，観点
330	Practically all love angle.	JOE:	ほとんど恋愛についての話です。	
331	With pictures?	HENNESSY:	写真付きで？	
332	Could be. How much?	JOE:	もしあったら，いくらですか？	
333	That particular story will be worth Five Grand to any news service. But, tell me Mr. Bradley—if you are sober—just how you are going to obtain this fantastic interview.	HENNESSY:	このような特別な記事はどこの新聞社でも5千ドルの価値があるだろうよ。だがブラッドリー，しらふならどうやってこの素晴らしいインタビューを手にするのか教えてくれ。	
334	I plan to enter her sick room, disguised as a thermometer. You said Five Grand? I want you to shake on that.	JOE:	体温計に化けて病室に入り込む計画です。5千ドルとおっしゃいましたね？　それじゃ約束して下さい。	☆shake on：同意して握手する
335	You realize, of course, Her Highness is in bed today, and leaves for Athens tomorrow.	HENNESSY:	勿論君は分かっているけど，王女様は今日は床についておられ，明日アテネへ発たれるんだ。	☆leave for～：～に向かって出発する
336	Yup.	JOE:	はい。	
337	Now I'd like to make a little side bet with you. Five hundred says you don't come up with the story. What are you looking at that for?	HENNESSY:	さあちょっとしたもう1つの賭けを君としたいんだが。君が記事を手に入れられない方に500ドル賭けるよ。なんでそんなの見てるのかい？	
338	I just want to see what time it is.	JOE:	今何時か見たいだけですよ。（ごまかしている）	
339	Huh?	HENNESSY:	え？	
340	What day it is. Uh … it's a deal!	JOE:	何曜日かな。（ごまかし）それで行きましょう。	☆What day (of the week) is it?：何曜日ですか？ ＊What date is it?／What's the date?：何日ですか？ ☆It's a deal.：これで決まりだ

341	Now I'd like you to shake. Let's see, you're into me for about five hundred now—when you lose this bet you'll owe me a thousand. Why you poor sucker, I'll practically own you. (LAUGHS)	HENNESSY:	じゃ約束してくれ。ところで君は俺に今500ドルの借りがあるから、この賭けに負けた時は千の借りになるよ。なんと馬鹿なやつだ。事実上お前は俺の奴隷になるよ。(笑う)	☆be into〜：(米口)〜に借金をして
342	You have practically owned me for a coupla years, now. But that's all over— I'm gonna win that money and with it, I'm gonna buy me a one way ticket back to New York.	JOE:	これまで数年間僕は編集長の奴隷みたいなもんだったけど、これまでのことは全て終わりです。賭けに勝って、その金でニューヨークへ戻る自分の片道切符を買いますよ。	
343	Go on—go on—I love to hear you whine.	HENNESSY:	そうかい、そうかい……君の泣き言を聞きたいもんだよ。	
344	And when I'm back in a real news room, I'll enjoy thinking about you—sitting here with an empty leash in your hand and nobody to twitch for you.	JOE:	で、本社に戻ったら、編集長のこと考えるのを楽しみますよ、空っぽの革紐を手に、誰も引っ張る相手が居なくてここに座っているあんたを。	
345	So long, pigeon.	HENNESSY:	じゃあな、お馬鹿さん。	☆pigeon：ハト(米略)だまされやすい人

＊ジョーのアパート

346	Hup.	GIOVANNI:	はっ。	
347	All'assalto! All'assalto! Bang...bang!	CHILDREN:	突撃だ！ 突撃だ！	
348	Fermi esagitati! Basta! Se poi la ragazzina si desta, ho montato la guardia fin ora.	GIOVANNI:	騒ぐのはやめろ、ちび共、もう沢山だ、彼女が目を覚ますじゃないか	☆イタリア語
349	All'assalto!	CHILDREN:	突撃だ！ 突撃だ！	
350	Via! Mascalzoni farabutti!	GIOVANNI:	ちび供、あっちへ行け！	
351	Ciao, ragazzi.	JOE:	こんにちは、子供達。	
352	Hi, Joe. Buongiorno signore	CHILDREN:	やあ、ジョー、こんにちは。	
353	Ciao, Mr. Bradley?	GIOVANNI:		
354	Everything okay, Giovanni?	JOE:	うまくいってるかい、ジョバンニ？	
355	Si, Signore Joe. Nobody has come. Nobody has go. Absolutely nobody.	GIOVANNI:	はいジョーさん。誰も来ないし、誰も出てない。だーれも。	
356	Swell! Thanks a lot. Oh...uh...Giovanni... uh...how would you like to make some money?	JOE:	素晴らしい！ ありがとう。えーと、ジョバンニ、金儲けはしたくはないかい？	
357	Money?	GIOVANNI:	金？	

(24)

358	Yeah.	JOE:	そう。	
359	Magari …	GIOVANNI:	したいね。	
360	That's the stuff. Now, look, I've got a sure thing. Double your money back in two days.	JOE:	そうこなくっちゃ。さあ、確実な儲け話だ。2日で（後に）倍にして返すよ。	☆sure thing：確実なこと
361	Double my money?	GIOVANNI:	金を2倍に？	
362	Yeah—well, I need a little investment capital to swing the deal. Now if you'll just lend me a little cash, I'll …	JOE:	そう。ところで、この話を上手くまとめる、投入資金（元手）が少し必要だ。それでもし少し現金を貸してくれたら……	☆swing the deal：取引をうまくまとめる
363	Ma che son scemo?	GIOVANNI:	私は馬鹿じゃないよ。	
364	Oh.	JOE:		
365	You owing me two months rent and you want me to lend you money?	GIOVANNI:	今、家賃2月分溜まってて、金を貸して欲しい？	
366	Yeah?	JOE:	そう。	
367	No. Certamente, no! Uh!	GIOVANNI:	駄目、絶対に駄目！	
368	Tomorrow you'll be sorry.	JOE:	明日、君は後悔するよ。	

＊ジョーの部屋

369	Your Highness … Your Royal Highness …?	JOE:	王女様……王女様？	
370	(MUMBLES) Yes, what is it?	PRINCESS:	（ボソボソと）はい、何ですか？	
371	Dear, Dr. Bonnachhoven …	PRINCESS:	バナクホーベン先生……	
372	Hmm? Oh, sure—yes, well … uh … you're fine … much better. Is there anything you want?	JOE:	え？ は、はい。良くなりましたよ。ずっと。何かお望みでも？	
373	So many things. Yes So … many …	PRINCESS:	とても沢山あります。そう、とっても沢山……	
374	Yes? Well, tell the doctor … tell the good doctor everything.	JOE:	そう？ 医者の私に言って下さい。私にすべてを……	
375	I dreamt and I dreamt …	PRINCESS:	夢ばっかり見ました。	☆dreamの過去形は主に米ではdreamed、英ではdreamt
376	Yes? Well, what did you dream?	JOE:	ええ？ どんな夢を見ましたか？	
377	I dreamt I was asleep in a street and a young man came … he was tall and strong—and he was so mean to me.	PRINCESS:	道路で眠っていて、したら若い男性が来て……その方は背が高く、力が強かったのです。私に、とっても意地悪でした。	☆be mean to～：～に意地悪な
378	He was?	JOE:	そうでしたか？	

379	Umm … It was wonderful.	PRINCESS:	とても素晴らしかった。
380	Good morning.	JOE:	お早う。
381	Where's Dr. Bonnachhoven?	PRINCESS:	バナクホーベン先生はどこですか？
382	I'm afraid I don't know anybody by that name.	JOE:	残念ながらそういう名前の者は誰も知らないね。
383	Wasn't I talking to him just now?	PRINCESS:	たった今，先生に話してませんでしたか？
384	Afraid not.	JOE:	残念だが違うよ。
385	Have … have I had an accident?	PRINCESS:	私は事故にでも遭ったんですか？
386	No.	JOE:	いいや。
387	Quite safe for me to sit up?	PRINCESS:	起きあがっても大丈夫？
388	Now, perfect.	JOE:	さあ大丈夫。
389	Thank you. Are these yours?	PRINCESS:	ありがとう。これあなたのですか？
390	Did … did you lose something?	JOE:	な，なにか失くした？
391	No … no. Would you be so kind as to tell me where I am?	PRINCESS:	申しわけございませんが，ここがどこか教えて頂けないでしょうか？
392	Well, this is what is laughingly known as my apartment.	JOE:	恥ずかしながら，僕のアパートですよ。
393	Did you bring me here by force?	PRINCESS:	力ずくでここへ連れて来たのですか？
394	No―no―no―quite the contrary.	JOE:	いいえ，全くその逆です。	☆quite the contrary：全くその反対で
395	Have I been here all night … alone?	PRINCESS:	私は，ここに一晩中一人で居たのですか？
396	If you don't count me―yes.	JOE:	僕を勘定に入れなければ……そういうこと。
397	So I spent the night here―with you?	PRINCESS:	つまり，ここであなたと一晩を過ごしたわけですね？
398	Well … uh … I don't know that I'd use those words―exactly―but from a certain angle―yes.	JOE:	こんな言葉を使えるかどうかは分からないが，ある意味では，そうです。
399	(GIGGLES) How do you do?	PRINCESS:	（いたずらっぽく笑いながら）はじめまして。
400	(LAUGHS) How do you do?	JOE:	（笑いながら）はじめまして。
401	And you are …?	PRINCESS:	それで，あなたは……？
402	Bradley―Joe Bradley.	JOE:	ブラッドリー，ジョー・ブラッドリーです。

403	Delighted …	PRINCESS:	光栄です。	
404	You don't know how delighted I am to meet you.	JOE:	あなたに会えてどれほど光栄なことか。	
405	You may sit down.	PRINCESS:	お座りなさい。	
406	Thank you very much.	JOE:	ありがとうございます。	
407	What's your name?	JOE:	お名前は？	
408	Uh—you may call me Anya.	PRINCESS:	ええ，アーニャとお呼び下さい。	
409	Thank you—Anya. Would you like a cup of coffee?	JOE:	ありがとうアーニャ。コーヒーはいかがですか？	
410	What time is it?	PRINCESS:	何時ですか？	
411	Oh, about one-thirty.	JOE:	1時半くらい。	
412	One-thirty? I must get dressed and go!	PRINCESS:	1時半？ 着替えて失礼しなくては。	
413	Why—what's your hurry? There's lots of time.	JOE:	え？ 何で急ぐんですか？ 時間はいっぱいあります。	
414	Oh, no, there isn't—and I've … I've been quite enough trouble to you as it is.	PRINCESS:	いいえ，ありません。ご覧のとおりとっても迷惑を掛けておりますわ。	
415	Trouble? You are not what I'd call trouble.	JOE:	迷惑？ あなたは迷惑なんかではありませんよ。	
416	I'm not?	PRINCESS:	そうですか？	
417	I'll run a bath for you.	JOE:	お風呂の用意をしましょう。	☆run a bath：浴槽に水を張る
418	There you are.	JOE:	はい，どうぞ。	
＊電話を借りに行くジョー。カメラマン　アーヴィング登場。				
419	*Posso telefonare?*	JOE:	電話を貸してくれ。	
420	*Prego, prego.*	SCULPTOR:	どうぞ。	
421	(AT PHONE) *Solo un momento. Grazie.*	JOE:	（電話で）すぐに終わるよ。ありがとう。	
422	Here we go now. (PHONE RINGS) Hah! There we are. That does it! Give me a little slack, will'ya? (INTO PHONE) Pronto.	IRVING:	さあ始めよう。（電話が鳴る）ほら，どうだ。よしこれで良い。少しゆるめてくれないか？（電話に）もしもし。	
423	(INTO PHONE) Irving! Why don't you answer the phone? Look, this is Joe. Irving, can you get over here in about five minutes?	JOE:	（電話に）アービング，どうして電話に出ないんだ。 ジョーだよ。5分後にここへ来てくれないか？	

424	(INTO PHONE) Oh, no, I can't come now, Joe, I'm busy. Oh, no. Joe, I'm up to my ears in work. (TO MODEL) Go in and get into your next outfit, will'ya, honey? The canoe.(INTO PHONE) What kind of a scoop, Joe?	IRVING:	（電話に）今は行けないよ。忙しいんだ。仕事の真っ最中なんだ。（モデルに向かって）別の部屋に行って次の衣装に着替えてくれないか？ カヌーの奴だよ。（電話に）どんな特ダネだい，ジョー？	☆up to my ears in ～：～で身動きが取れない ＊up to my ears in debt：借金で身動きが取れない
425	(INTO PHONE) Look! Irving, I can't talk over the telephone. One word in the wrong quarter and this whole thing might blow sky high.	JOE:	（電話に）アービング，電話じゃ話せないよ。一語でも間違った筋に漏れると，この全てが空へ吹き飛ぶ位だよ。	
426	It's front page stuff, that's all I can tell you. It might be political or it might be a sensational scandal, I'm not sure which, but it's a big story. And it's got to have pictures.	JOE:	一面記事だ。話せるのはこれだけだ。政治的でもあり得るし，センセーショナルなスキャンダルかも知れない。どっちか判らないが，すごい記事だ。そいつにゃ写真が必要なんだ。	
427	(INTO PHONE) But I can't come now, Joe— I'm busy. I'm busy now and I'm meeting Francesca at Rocca's in a half an hour and …	IRVING:	（電話に）今は行けないんだ。忙しいんだ。ロッカの店で30分後にフランチェスカに会うことになってるんだよ。	

＊ジョーの部屋。家政婦が入ってくる。

428	Ah! Ma guarda … cosa fa qui?	LUISA:	ここで何してるんだい。
429	Scusi.	PRINCESS:	失礼。
430	Macch "scusi"! Un bel niente "scusi". Fuori subito!	LUISA:	失礼もへったくれもないよ。早く出ていきな。
431	Nh, nh, nh, no.	PRINCESS:	ちがいます，ちがいます。
432	Fuori subito! Bella vita, eh? Comoda, eh? Ma lo sa, bella vita! Ma se io fossi la sua mamma, ma sa quanti schiaffi le darei? Schiaffi da farle la faccia cosi! Mhhh … capito?	LUISA:	外に早く出な。気楽なもんだね。私がおふくろなら，思いっきりたたくだろうよ。顔がはれあがるぐらいにね，わかったかい？
433	Nnnn … non capito. Don't understand.	PRINCESS:	わかりません。
434	Don't understand? Uhhhh! Vergogna! Eeh!	LUISA:	恥を知りな。

＊ジョー戻ってくる

435	There you are!	JOE:	そこだったのか！
436	I was looking at all the people out here. It must be fun to live in a place like this.	PRINCESS:	ここで人々を見ていたんです。このような所に住むなんて楽しいに違いないですわね。

437	Yeah—it has its moments. I can give you a running commentary on each apartment.	JOE:	そういう時もあるよ。アパートの実況説明でもできるよ。	☆It has its moments.：幸せな時もある。 ☆running comentary：スポーツなどの実況中継
438	I must go.	PRINCESS:	行かなくてはなりません。	
439	Hmm?	JOE:	え？	
440	I only waited to say goodbye.	PRINCESS:	お別れを言うために待っていただけです。	
441	Goodbye? Why, we've only just met. How about some breakfast?	JOE:	お別れ？ なんで？ 今、会ったばかりじゃないか。朝食でもどう？	
442	I'm sorry—I haven't time.	PRINCESS:	すみません、時間がありません。	
443	Must be a pretty important date—to run off without eating.	JOE:	かなり大切な約束に違いないね。食事もしないで逃げるように帰るなんて。	
444	It is.	PRINCESS:	そうです。	
445	Well, I'll go along with you wherever you are going.	JOE:	君が行く所へは、どこへでもお供するよ。	
446	That's all right, thank you. I can find the place. Thank you for letting me sleep in your bed.	PRINCESS:	結構です。場所はわかります。ベッドで眠らせて頂きありがとうございます。	
447	Oh, that's all right. Think nothing of it.	JOE:	いいんだ。どう致しまして。	☆Think nothing of it.：どう致しまして。（Any time./No problem.よりも丁寧)
448	It was very considerate of you. You must have been awfully uncomfortable on that couch.	PRINCESS:	ご親切にどうもありがとう。長椅子ではとても寝心地が悪かったに違いないですわね。	
449	No—do it all the time!	JOE:	いいえ、いつものことです。	☆do it all the time：いつもしている
450	Goodbye, Mr. Bradley.	PRINCESS:	さようなら、ブラッドリーさん。	
451	Goodbye. Oh, go right through there and down all the steps.	JOE:	さようなら。そこを通って階段を下まで降りる。	
452	Thank you.	PRINCESS:	ありがとう。	
453	(LAUGHS) Well, small world!	JOE:	(笑って) 世の中狭いね！	☆It's a small world.：世間は広いようで狭い。(王女様が戻ってきてばったり会ったので。)

454	Yes, I almost forgot. Can you lend me some money?	PRINCESS:	もう少しで忘れるところでした。お金を少し貸して頂けませんか？	☆I almost forgot.：もう少しで忘れるところだった。(忘れなかった) ＊I almost married her.：もう少しで彼女と結婚するところだった。 ＊I almost died.：もう少しで死ぬところだった。
455	Oh yeah—that's right, you didn't have any last night, did you? Well, how much … how much was it that you wanted?	JOE:	うん，そうだった，昨夜一銭も持っていなかった……んだね？ ところで幾ら位必要なんだい？	
456	Well, I don't know how much I need. How much have you got?	PRINCESS:	そうね，幾ら要るのかわからないわ。 幾らお持ちですか？	
457	Well, I suppose we just split this fifty-fifty. Here's a thousand lira.	JOE:	じゃー，半々に分けようかな。 ここに千リラあるよ。	
458	A thousand! Can you really spare all that?	PRINCESS:	千リラですって！ そんなに，本当に分けて頂けるの？	
459	It's about a dollar and a half.	JOE:	約1ドル半だよ。	
460	Oh. Well, I'll arrange for it to be sent back to you.	PRINCESS:	送り返すように手配しておきます。	
461	What is your address?	PRINCESS:	住所はどこですか？	＊Where is your adress？ ではないことに注意。
462	Via Margutta 51.	JOE:	マルグッタの51番。	
463	Via Margutta 51. Joe Bradley. Goodbye. Thank you.	PRINCESS:	マルグッタ51番，ジョー・ブラッドリー。さようなら。有り難う。	
464	Hah—double my money, eh? You tell me how I double my money that way?	GIOVANNI:	は？ お金を2倍に？ どんな方法で2倍にするのかい？	
465	Tomorrow—tomorrow—tomorrow.	JOE:	明日，明日。	
466	Yes—tomorrow—uh-huh.	GIOVANNI:	そう，明日だよ。	
＊アンの後を追うジョー。				
467	Lo vuole un cocomero signore? Molto saporito.	FRUIT VENDER:	スイカをひとついかがですか。とっても美味しいよ。	
468	Le vuole provare? Si? Venga, s'accomodi.	SHOE VENDER:	履いて見ませんか。さあ，こちらへどうぞ。	
469	Patti chiari, lo prenda pure … molto buono … a trecento lire sole.	FRUIT VENDER:	美味しいことは保証するよ，ひとつ買ってよ。たったの300リラだよ。	
470	Ha visto come le stanno bene? Proprio perfette … avevo ragione io, eh?	SHOE VENDER:	とても良くお似合いです。ちょうどサイズもぴったり。私が言ったとおりでしょ。	

471	No …	JOE:	
472	*Trecento lire sole.*	FRUIT VENDER:	たった の300リラ です。
473	*No. Va be'.*	JOE:	いや、ま、いいよ。
474	*Grazie.*	FRUIT VENDER:	ありがとう。

＊マリオの美容室

475	What a wonderful hair you have! *Messa in piega?*	MARIO:	素晴らしい髪ですね！ウェーブかけますか？
476	Just cut, thank you.	PRINCESS:	カットだけです。
477	Just cut? Well―then―cut so?	MARIO:	カットだけ？　この位？
478	Higher.	PRINCESS:	もっと上。
479	Higher? Here?	MARIO:	上ですか？　ここですか？
480	More.	PRINCESS:	もっと。
481	Here!	MARIO:	ここですか？。
482	Even more.	PRINCESS:	ずっと上。
483	Where?	MARIO:	どこですか？
484	There.	PRINCESS:	そこです。
485	There. Are you sure, Miss?	MARIO:	お嬢さん、本気ですか？
486	I'm quite sure, thank you.	PRINCESS:	本気ですよ。
487	All off?	MARIO:	ばっさり？
488	All off.	PRINCESS:	ばっさりです。
489	Off! Are you sure?	MARIO:	ばさ。本気ですか？
490	Yes!	PRINCESS:	そう。
491	Yes! Off! Off! Off!	MARIO:	そう。ばさばさばさ。
492	(INTO PHONE) *Vostra moglie … non c'entra affatto! Assolutamente … e che! Oh no, no, no, no …!*	MAN:	(電話に)　貴方の奥さんとは……関係のないことだ。
493	Hey, kids … *Ragazzi!*	JOE:	子供たち！
494	Off! Hah!	MARIO:	ばっさり。

＊美容室の外

495	That's a nice looking camera you have there. Ah, it's nice. Umm. Uh … you don't mind if I just borrow it, do you?	JOE:	格好良いカメラだね。君がそこに持ってるのは。それいいね。それ借りても構わない……かな？
496	Miss Weber!	GIRL:	ウェーバー先生！
497	I'll give it back. Just for a coupla minutes.	JOE:	返すから。ほんの2・3分だけだよ。
498	No! Go! It's my camera.	GIRL:	駄目、行って。私のカメラよ。

(31)

＊美容室内

499	You musician, maybe … you artist? Ah … painter? I know … you *modella*. Model, huh?	MARIO:	あなた音楽家？ 芸術家かも？ 画家？ わかった，モデルでしょ？	
500	Thank you.	PRINCESS:	ありがとう。	
501	*Ecco qua finito!*	MARIO:	さあ，終わりましたよ。	
502	It's perfect! You'll be nice without long hair. Now, it's cool, hum?	MARIO:	完璧！ 貴女は長髪じゃなくても素晴らしい。さあ，カッコいいでしょ？	☆cool：カッコいい。涼しい。(当時のイタリア人が'カッコいい'という意味を知っていたかな？)
503	Yes, it's just what I wanted.	PRINCESS:	ええ，ちょうどこのようにしたかったのよ。	
504	*Grazie.* Now, why you not come dancing tonight with me? You should see—is so nice—it's on a boat on the Tevere—the Tiber—the river by Sant'Angelo. Moonlight and music—*romantico*! Is very, very—very! Please—you come?	MARIO:	ありがとう。私とダンスに行かない？ 見なくては，とっても素晴らしい。チベール／タイバーの船の上。サンタンジェロの側の川。月の光と音楽，ロマンチック。とってもとっても。さあ行きましょう？	☆マリオはイタリア人なので英語は正確ではない。
505	I wish I could.	PRINCESS:	そう出来ればいいんですけど。(現実には出来ない)	
506	Oh. But—but your friend, I no think they recognize you.	MARIO:	友達でもあなただと判らないと思うよ。	
507	No, I don't think they will.	PRINCESS:	そうでしょうね。	
508	Oh, thank you.	MARIO:	ありがとう。	
509	Thank you.	PRINCESS:	ありがとう。	
510	Oh, thank you very much. Ah, eh … *signorina!* After nine o'clock I be there … dancing on river. Remember Sant'Angelo. All my friends … if you come you will be most pretty of all girl.	MARIO:	お嬢さん，9時過ぎにそこにいるよ，踊って。サンタンジェロ忘れないで。俺の友達みんないる。あなた来たら一番美しい女性です。	
511	Thank you. Goodbye.	PRINCESS:	ありがとう。さようなら。	
512	Goodbye.	MARIO:	さようなら。	

＊ローマの街

513	*Aranciate? Gazzose? Chinotto? Gelato?*	ICE CREAM VENDER:	オレンジジュース，炭酸レモネード，キノット（蜜柑に似た柑橘類で作る清涼飲料水），アイスクリーム。	
514	*Gelato?*	PRINCESS:	アイスクリーム？	
515	*Gelato.*	ICE CREAM VENDER:	アイスクリームだね。	
516	Thank you.	PRINCESS:	ありがとう。	

517	*Grazie. signorina … il resto.*	ICE CREAM VENDER:	ありがとう，お嬢さん。お釣りだよ。
518	*Oh, grazie.*	PRINCESS:	あら，ありがとう。
519	*Mi dia un gelato di cioccolata e crema per favore.*	PRIEST:	チョコレートとクリームのアイスクリームをひとつください。
520	*Oooohh, brava signorina … guardi … qui ci sono dei fiori per lei. Garofani … sono venuti da Bordighera, freschi … guardi … che bellezza! Grazie.*	FLOWER VENDER:	美しいお嬢さん，ちょっと見てごらんよ。あなたにお似合いの花があるよ。カーネーションだよ。ボルディゲーラから着いたばかりの摘みたてだよ。ご覧なさい，綺麗だろ？
521	Thank you.	PRINCESS:	ありがとう。
522	*Mille lire. Ein Thausen Lire.*	FLOWER VENDER:	1000リラだよ。
523	No money.	PRINCESS:	お金がないの。
524	No?	FLOWER VENDER:	お金がないって？
525	No.	PRINCESS:	
526	*Ottocento lire, va bene?*	FLOWER VENDER:	800リラでどうだい？
527	I … I'm sorry. I've really no money.	PRINCESS:	ごめんなさい。でも本当にお金がないの。
528	*E troppo pure questo? Settecento. Di piu no, eh. Non posso fare.*	FLOWER VENDER:	まだ値切るのかい？700リラでどうだ。これ以上はまけられないよ。
529	Look. I'm sorry.	PRINCESS:	ほら，全然無いでしょ。ごめんなさい
530	*Ecco … prego. Ah … buona fortuna!*	FLOWER VENDER:	はいどうぞ，お幸せに。
531	*Grazie!*	PRINCESS:	ありがとう。
532	*Niente.*	FLOWER VENDER:	どういたしまして。
533	*Grazie.*	PRINCESS:	ありがとう。

＊スペイン広場で再会するアンとジョー。

534	Well, it's you!	JOE:	やあ，君じゃないか！
535	Yes, Mr. Bradley.	PRINCESS:	ええ，ブラッドリーさん。
536	Or is it?	JOE:	あれ違ったかな？
537	Do you like it?	PRINCESS:	この髪型いかが？
538	Very much. So that was your mysterious appointment.	JOE:	とってもいいね。そうか，それが君の謎めいた約束だったんだ。
539	Mr. Bradley, I have a confession to make.	PRINCESS:	ブラッドリーさん，私，告白することがあるの。
540	Confession?	JOE:	告白？

541	Yes, I ran away last night—from school.	PRINCESS:	そう、昨夜逃げ出したんです……学校から。	
542	Oh, what was the matter? Trouble with the teacher?	JOE:	どうしたんだい？　先生と問題でも？	
543	No, nothing like that.	PRINCESS:	いいえ、そういうのではありません。	
544	Well, you don't just run away from school for nothing.	JOE:	でも、何でもないのに学校から逃げ出したりしないよ。	☆for nothing：理由もなしに
545	Well, I only meant it to be for an hour or two. They gave me something last night to make me sleep.	PRINCESS:	ほんの1・2時間のつもりだったのです。夕べ睡眠薬をもらって。	
546	Oh, I see.	JOE:	あ、そう。	
547	Now, I'd better get a taxi and go back.	PRINCESS:	タクシーを拾って帰らなくては大変なことになります。	
548	Well, look, before you do, why don't you take a little time for yourself.	JOE:	あ、ほら、その前に、しばらく時間を取らない？	☆Why don't you～？：～しませんか？（勧誘）
549	Maybe another hour.	PRINCESS:	あと1時間位なら。	
550	Live dangerously, take the whole day.	JOE:	思い切って1日にしなさい。	
551	I could do some of the things I've always wanted to.	PRINCESS:	ず～っとやりたいと思っていたことができるかも知れないわね。	
552	Like what?	JOE:	例えば？	
553	Oh, you can't imagine. I'd like to do just whatever I liked—the whole day long.	PRINCESS:	貴方には想像できないわ。　思ってたこと何でもやってみたい……1日中。	
554	You mean, things like having your hair cut, and eating *gelati*.	JOE:	ヘアカットしたりとか、アイスクリーム食べたりとかのことだね。	
555	Yes, and I'd like to sit in a sidewalk cafe and look in shop windows, or walk in the rain. Have fun and maybe some excitement. It doesn't seem much to you, does it?	PRINCESS:	そう、カフェテラスで座ったりしてみたい。そしてウィンドウショッピングしたり、雨の中歩いたり。楽しくてドキドキするようなことを。あなたにとっては大したことには思えないでしょうね。	
556	It's great! Tell you what. Why don't we do all those things—together.	JOE:	素晴らしいよ！　そうだ！　これ全部やらない？　一緒に。	☆(I'll) tell you what：そうだ、いい考えがある。こうしよう。
557	But don't you have to work?	PRINCESS:	でも、仕事しなくていいの？	
558	Work? No, today's gonna be a holiday.	JOE:	仕事？　今日は休みにしよう。	☆be gonna＝be going to：ここでは話し手の意思を表す

559	But you don't want to do a lot of silly things.	PRINCESS:	でもこんな沢山のバカげたことしたくないでしょ？	
560	Don't I? First wish—one sidewalk cafe—coming right up. I know just the place—Rocca's.	JOE:	とんでもない。まず最初の望みはカフェテラス……かしこまりました。ちょうどいい所を知っているよ。ロッカの店だ。	☆coming right up：レストランなどで注文のものを「すぐにお持ちします」という時に使いますが，ここでは「望みのものをすぐに叶えましょう」とおどけて使っている。
561	What will the people at school say when they see your new haircut?	JOE:	新しい髪型を見たら，みんな何と言うかな？	
562	They'll have a fit. What would they say if they knew I'd spent the night in your room?	PRINCESS:	卒倒しますわ。あなたの部屋で夜を過ごしたなんて知ったら何と言うかしら？	☆have a fit：びっくりする，卒倒する，かんかんに怒る
563	Well, I'll tell you what, you don't tell your folks and I won't tell mine.	JOE:	ではこうしよう。君は家族に言わないし，僕も言わない。	
564	It's a pact.	PRINCESS:	約束よ。	
＊ロッカの店での二人				
565	Now, what would you like to drink?	JOE:	さあ，何飲みたい？	
566	Champagne, please.	PRINCESS:	シャンペンをお願いします。	
567	Uh, cameriere…	JOE:	ウエイター！	
568	Comandi, signore.	WAITER:	ご注文は？	
569	Champagne?	JOE:	シャンペンはある？	
570	Si, si.	WAITER:	ええ，あります。	
571	Eh. Well … uh, champagne per la signorina … and uh, cold coffee for me.	JOE:	このお嬢さんにシャンペンを下さい。で，僕はアイスコーヒー。	
572	Va bene, signore.	WAITER:	はい，かしこまりました。	
573	Must be quite a life you have in that school—champagne for lunch.	JOE:	ランチにシャンペンとはすごい生活だね。	
574	Only on special occasions.	PRINCESS:	特別な場合だけです。	
575	For instance?	JOE:	例えば？	
576	The last time was my father's anniversary.	PRINCESS:	最近では父の記念日でしたわ。	
577	Wedding?	JOE:	結婚記念日？	
578	No, it was the fortieth anniversary of—of the day he got his job.	PRINCESS:	いいえ，40周年記念です……仕事についた日の。	
579	Forty years on the job. Well, what do you know about that? What does he do?	JOE:	仕事で40年とは。驚いたね。何してるの？	

580	Well—mostly you might call it—public relations.	PRINCESS:	そうね，普通に言う……広報の仕事。	
581	Oh, well that's hard work.	JOE:	あ，そう，そりゃきつい仕事だね。	
582	Yes, I wouldn't care for it.	PRINCESS:	ええ，私はあんまり好きじゃないけれど。	☆care for～：～が好きである＝like～
583	Does he?	JOE:	お父さんはどう？	
584	I've heard him complain about it.	PRINCESS:	彼が不平を言うのを聞いたことがあるわ。	
585	Why doesn't he quit?	JOE:	何で辞めないの？	
586	People in that line of work almost never do quit, if uh, unless it's actually unhealthy for them to continue.	PRINCESS:	この種の仕事の人達はまず辞めることなんてないんです，本当に健康を害して続けられなくなったりしない限りね。	
587	Well—here's to his health, then.	JOE:	お父さんの健康に乾杯。	☆Here's to～．：～に乾杯。
588	You know—that's what everybody says.	PRINCESS:	そうね……誰もそう言うわね。	
589	It's all right?	JOE:	それ美味しい？	
590	Yes, thank you. What is your work?	PRINCESS:	ええ，ありがとう。お仕事は何？	
591	Oh, I'm uh … in the selling game.	JOE:	セールスの仕事。	
592	Really? How interesting.	PRINCESS:	本当？　面白いわね。	
593	Unh—hunh.	JOE:	うん，まあね。	
594	What do you sell?	PRINCESS:	何を売ってるの？	
595	Fertilizer, chemicals—you know-chemicals … Stuff like that.	JOE:	肥料。化学製品ね。そんなもんだよ。	

※アーヴィングがやってくる

596	Irving! Well, am I glad to see you!	JOE:	アービング，よく来てくれたよ！	☆倒置による感嘆文。（君に会えて嬉しいかって？）すごく嬉しいよ！（感情をこめてIとyouにストレスを置いて発音）
597	Why—did you forget your wallet?	IRVING:	どうした，財布忘れたのかい？	
598	Pull up a chair, Irving—sit down with us.	JOE:	一緒にどうだ，アービング，座れよ。	
599	Aren't you gonna introduce me?	IRVING:	僕を紹介してくれないのかい？	
600	Uh … yes—this is a good friend of mine—Irving Radovich—Anya, Irving.	JOE:	アーニャ，こちらは親友のアービング・ラドビッチ。	
601	Anya …?	IRVING:	アーニャ……？	
602	Smith.	PRINCESS:	スミスです。	

603	Oh. Hiya Smitty.	IRVING:	あ，やあスミティちゃん。	
604	Charmed.	PRINCESS:	始めまして。	
605	Hey—anybody ever tell you you're a dead ringer for …	IRVING:	ね，今まで誰かに言われなかった？ 君は，あの人にそっくりだって……	☆be a (dead) ringer for：(人，物) によく似ている，うりふたつである
606	Uh—well … uh … I guess I'll be going …	IRVING:	出て行った方が良さそうだ。	
607	Oh, no, don't do anything like that, Irving. Join us—join us. Join us.	JOE:	そんなことするなよ。アービング一緒に居ろよ。	
608	Well, just till Francesca gets here.	IRVING:	フランチェスカがここに来るまでだな。	
609	Tell me, Mr. uh … Radovich—what is a ringer?	PRINCESS:	ラドビッチさん，教えて。RINGERって何？	(王女は'dead ringer'という言葉を聞いたことがなかったと思われる)
610	Waiter! Whiskey, please.	IRVING:	ウェイター，ウィスキーを。	
611	*Bene* …	WAITER:	かしこまりました	
612	It's an American term. (Yeah) It means anyone who has a great deal of charm.	JOE:	それはアメリカの用語で，大変魅力的な人のことを言うんだよ。	☆great deal of：沢山の
613	Uh-huh.	IRVING:	うん。	
614	Oh! Thank you.	PRINCESS:	あら，ありがとう。	
615	You're welcome.	IRVING:	どう致しまして。	
616	*Ciao* Irving …	1ST GIRL:	こんにちは，アービング。	
617	*Ciao*.	2ND GIRL:	こんにちは。	
618	Oh, *ciao* … Cousins.	IRVING:	やあ，いとこだよ。	
619	Mr. Bradley's just been telling me all about his work.	PRINCESS:	ブラッドリーさんが仕事のことを話してくれてたのよ。	
620	I'd like to have heard that.	IRVING:	そいつは聞きたかったもんだ。	
621	What do you do?	PRINCESS:	お仕事は何？	
622	I'm in the same racket as Joe. Only I'm a …	IRVING:	ジョーの仕事と同じ。ただ俺は……	☆racket（俗）：仕事，商売
623	Oh!	PRINCESS:	まあー。	
624	I'm awfully sorry, Irving.	JOE:	すまんすまん，アービング。	
625	What're ya …?	IRVING:	何やってるんだ？	
626	I'm sorry, Irving.	JOE:	悪いね。	
627	Look, I can take a hint!	IRVING:	ああ，ピンと来るよ。	
628	Well …	JOE:	さてと。	
629	I'll see you around.	IRVING:	じゃあな。	

630	Your drink's just here. [Please sit down …]	PRINCESS:	あなたの飲物もう来ましたのに。	
631	Thank you, but uh …	IRVING:	ありがとう、でも……	
632	Yeah, here's your drink right now, Irving. Take it easy. I'm sorry about that. Sit down, that's a good fellow. Have a … That's a boy.	JOE:	ほら、今来たよ、アービング。落ちつけよ。悪かったよ。座れよ、いいから。	
633	You're tw … you're twisting my arm, you know.	IRVING:	無理矢理やってるんだよ、お前は。	☆twist ones arm：無理強いをする
634	Just, just be a little more careful—not to spill.	JOE:	ただちょっとだけ気をつけてくれよ、こぼさないように。	☆spill：「こぼす」と「秘密を漏らす」という2つの意味をかけている
635	Spill? Who's been doin' the spilling?	IRVING:	こぼす？ 誰がこぼしているんだい？	
636	You.	JOE:	お前だよ。	
637	Me?	IRVING:	俺が？	
638	Yeah.	JOE:	そうだよ。	
639	Where did you find this looney? You're okay. Here's to you, huh? Here's hoping for the best. If if … if it wasn't for that hair, I'd I'd swear that …	IRVING:	こんな奴どこで見つけたんだい？ 君はOKだ。君に乾杯だ。ベストを願って乾杯。そのような髪でなければきっと君は……	☆Here's hoping for the best.：ベストを願って乾杯！ ＊Here's looking at you, kid.：君の瞳に乾杯！「カサブランカ」のセリフ
640	Oh!!!!	PRINCESS:	まあーっ！	
641	S'e fatto male?	MONK A:	大丈夫ですか？	
642	Ha bisogno di aiuto?	MONK B:	手を貸しましょうか？	
643	Thanks.	IRVING:	ありがとう。	
644	(Have you hurt yourself?)	PRINCESS:	お怪我ありませんか？	
645	You slipped, Irving. You slipped. Almost hurt yourself, Irving …	JOE:	お前が滑ったんだよ。自分で怪我そうになったんだよ。	
646	I slipped? I almost hurt myself?	IRVING:	俺が滑った？ 自分で怪我しそうだった？	☆slip：「滑る」と「口を滑らせる」という2つの意味をかけている
647	You did hurt yourself—behind the ear, I think …	JOE:	怪我したんだよ――耳の後ろ……だな。	
648	Joe, I didn't slip.	IRVING:	ジョー、俺は滑ってないよ。	
649	You've got a bad sprain there …	JOE:	そこがねん挫したんだ。	
650	Never mind I got a bad sprain! Joe!	IRVING:	俺がねん挫しようと構わないでくれ、ジョー！	
651	We'd better go in here and get it fixed up, pal. I want to talk to you.	JOE:	ここに入って手当した方がいいよ。お前に話があるんだ。	☆fix up：治療する、解決するのダブルミーニング
652	Yeah, I'd like …	IRVING:	そう、俺も。	

653	Will you excuse us for a minute, Anya?	JOE:	アーニャ，ちょっと失礼していい？	
654	Yes, of course. I'm so sorry.	PRINCESS:	ええ勿論。お大事に！	

＊店の裏に行くふたり

655	Joe, just now wait—now wait—just a minute—what are you trying to do, huh? Wait a minute. Take your hands off me.	IRVING:	ちょっと，待ってくれ。何しようとしてるんだ？ちょっと待ってくれよ。手を放してくれよ。	
656	Have you got your lighter?	JOE:	ライターは持ってるかい？	
657	What's that got to do with it?	IRVING:	それ（ライター）とどういう関係があるのか？	☆have (have got) to do with〜：〜と関係がある
658	Have you got it?	JOE:	持ってるのかい？	
659	Yeah, but what are you trying to do to me?	IRVING:	あるよ，俺に何しようってんだい？	
660	Listen—what would you do for five grand?	JOE:	聞けよ，5000ドルの話ならどうする？	
661	Five grand!	IRVING:	5000ドルだと！	
662	She doesn't know who I am or what I do. Look, Irving, this is my story. I dug it up—I gotta protect it.	JOE:	彼女は俺が誰か，何の仕事か知らないんだ。おいアービングこれは俺の記事だ。俺が発掘したんだ（見つけたんだ）。機密にしなくちゃならないんだ。	
663	She's really …?	IRVING:	彼女は本当に……？	
664	Shhh! Your tintypes are gonna make this little epic twice as valuable.	JOE:	しーっ，お前の写真があればこの記事（事件）は2倍の価値になるよ。	☆tintype：鉄板写真
665	The Princess goes slumming.	IRVING:	王女スラム街を行くか。	
666	You're in for twenty-five percent of the take.	JOE:	もうけの25％はお前のものだ。	☆take：儲け，取り分
667	And the take's five G's?	IRVING:	で，もうけは5000ドル？	☆1G＝1 grand：1000ドル
668	Minimum. Hennessy shook hands on it.	JOE:	少なくとも。編集長がその約束をしたんだ。	
669	Twenty-five percent of five thousand—that's fifteen hundred dollars.	IRVING:	5千の25％──は1500ドルだ。	
670	It's twelve fifty.	JOE:	1250だよ。	
671	Okay. Now, you shake.	IRVING:	わかった。今度はお前が約束しろ。	
672	Okay. Now, lend me thirty thousand.	JOE:	それじゃ，3万貸してくれよ。	
673	Thirty …! That's fifty bucks! You gonna buy the crown jewels?	IRVING:	3万！ てことは50ドル！ 王冠でも買うつもり？	

674	She's out there now, drinking champagne that I can't pay for! We gotta entertain her, don't we?	JOE:	今彼女は外のそこにいる，シャンペンを飲んでるよ，俺には払えないよ。彼女は接待しなくては，だろう？	
675	Joe, we can't go running around town with a hot princess.	IRVING:	ジョー，今話題の王女様を街中連れまわすつもりか。	
676	Do you want in on this deal or don't you?	JOE:	この賭けに参加するのか，しないのか？	
677	This I want back Saturday.	IRVING:	これ土曜に返してな。	
678	Okay. Now where's your lighter? Let's go to work.	JOE:	わかった。でライターはどこ？ 仕事にかかろう。	

＊ジョーとアーヴィング戻ってくる

679	Better now?	PRINCESS:	良くなりました？	
680	Huh?	IRVING:	あ？	
681	Your ear.	PRINCESS:	耳よ。	
682	My ear? Oh, yeah—Jo fixed it. Would you care for a cigarette?	IRVING:	耳？ うん，ジョーが治してくれた。たばこいかが？	
683	Yes, please. You won't believe this but—it's my very first.	PRINCESS:	ええお願い。信じてもらえないでしょうが，本当に初めてです。	
684	Your very first?	JOE:	本当に初めて？	
685	Uh-huh.	PRINCESS:	ええ。	
686	No smoking in school, huh?	JOE:	学校では禁煙かな？	
687	Your first cigarette.	IRVING:	初めてのたばこ。	
688	There—the gismo works.	IRVING:	さあ，上手くいった。	☆gismo：新案小道具〔(機械)装置〕(ここでは「カメラ付き装置」のこと)。王女にとっては「ライターが上手くついた」，ジョーたちにとっては「上手く写真が撮れた」という意味。
689	Well, what's the verdict? Okay?	JOE:	ご意見は？	☆verdict：意見
690	Nothing to it.	PRINCESS:	簡単ね。	
691	That's right. Nothing to it.	IRVING:	そのとおり。簡単なことさ。	
692	*Eh, Cameriere.*	JOE:	ウェイター	
693	*Comandi.*	WAITER:	何でしょうか	
694	*Il conto per favore.*	JOE:	いくらだい？	
695	I'll stretch my legs a little here…	IRVING:	ちょっと足を伸ばそうかな，ここで……	
696	I'll pick this one up, Irving.	JOE:	ここは俺が払うよ，アービング。	☆pick up the tab：勘定を払う

697	Yeah, you can afford it.	IRVING:	そう，君は充分支払えるよな。	
698	Well, what shall we do next? Shall we make out a little schedule?	JOE:	さて次は何にしようか？　ちょっとスケジュールでも立てようか？	
699	Oh no, not that word, please!	PRINCESS:	その言葉止めて，お願い！	
700	*Va bene.* Oh, I didn't mean a work schedule—school schedule. I meant a fun schedule.	JOE:	どうも……仕事の――学校のスケジュールの意味じゃないよ。遊びの意味だよ。	
701	Oh, yes, let's just go, huh?	PRINCESS:	あらそう，ともかく出かけませんか？	
702	Well, how about you, Irving? Are you ready?	JOE:	そうだね，アービング，君は？　準備はできた？	
703	Yeah.	IRVING:	うん。	
704	*Ciao, Irving. Comme stai?*	FRANCESCA:	こんにちは，アービング，お元気？	
705	Francesca! Oh, this is …	IRVING:	フランチェスカ，こちらは……	
706	Smitty.	PRINCESS:	スミティ。	
707	She's a grand girl, Irving—grand. Five grand, Irving. Ciao.	JOE:	彼女は5000ドルの価値がある素敵な女性だ。じゃあね。	☆grand：「素敵な」と「1000ドル」という意味をかけている
708	Joe!	IRVING:	ジョー！	
709	Where are you going now?	FRANCESCA:	アービングどこへ行くの？	
710	Honey, I gotta work. I'll call you tonight.	IRVING:	君，仕事があるんだ。今晩電話するよ。	

*空港に出迎える大使

711	Look at those men? They were supposed to be inconspicuous.	AMBAS-SADOR:	なんだいあの連中は？目立たなくすることになってたのに。	
712	You asked for plain clothes.	GENERAL:	大使は，私服を要求されたのに。	

*ローマの街をスクーターで爆走するふたりと追うアーヴィング

713	Hey!	JOE:	おい。	
714	Hey! Stop, come back before people get hit.	JOE:	おい，人にぶつかる前に戻れよ。	
715	Whoa!	PRINCESS:	ワーッ！	
716	Hey, come back. You can't drive this thing!	JOE:	おい，戻せよ。君こんなもの運転出来ないよ。	
717	Let me take this.	JOE:	これ俺にやらしてくれよ。	
718	No, no, no, ah … I can do it.	PRINCESS:	いえいえ，私出来ます。	

*警察で尋問される

* 警察から放免される３人

719	Oh! I'm going straight from now on.	IRVING:	これからは更正して真面目にやるよ。	
720	American News Service … what did he mean?	PRINCESS:	アメリカン・ニュース・サービス？ 何のことだったの？	
721	Ah, oh, well you know, you say you're with the Press—you can get away with anything.	JOE:	あ、そうだな、報道関係と言うと、何でも逃れられるのさ。	☆get away with：（悪事などを罰せられずに）上手くやる
722	Going to church to get married on a scooter—that's a hot one! Joe's a wonderful liar.	IRVING:	スクーターで教会に結婚しに行くなんてそいつは傑作だ。ジョーは嘘が上手だ。	☆hot：上手い、上手な
723	Tanti bei bambini cosi. Auguri, eh. Auguri…	FAT MAN:	沢山かわいい子供を作りな。おめでとう	
724	Ciao.	JOE:	じゃあ。	
725	You don't have to look so worried. I won't hold you to it.	PRINCESS:	そんなに心配そうにしなくてもいいのよ。結婚してなんて言わないから。	
726	Thank you very much.	JOE:	有り難う御座います。	
727	You don't have to be too grateful.	PRINCESS:	そんなに有り難がらなくてもいいわよ。	
728	Okay, I won't.	JOE:	うん、わかったよ。	
729	I'm a good liar too, aren't I, Mr. Bradley?	PRINCESS:	私うそつくの上手でしょ？ ブラッドリーさん？	
730	The best I ever met.	JOE:	今までで最高だよ。	
731	Uh- huh!	IRVING:	うん。	
732	Thank you very much.	PRINCESS:	ありがとう。	
733	Say—come with me!	JOE:	ほら、一緒においで。	

* 真実の口

734	The Mouth of Truth. The legend is that if you're given to lying, and you put your hand in there, it'll be bitten off.	JOE:	真実の口。伝説によると、もし君が嘘をつく癖があってそこに手を入れたら、噛み切られるということだ。	☆be given to doing：〜する癖〔傾向〕がある（この石盤はローマ時代の井戸の蓋だったもので海神トリトーネを模したもの。）
735	Oh, what a horrid idea.	PRINCESS:	まあ恐いこと。	
736	Let's see you do it.	JOE:	先にやってごらん。	
737	Let's see you do it.	PRINCESS:	お先にどうぞ。	
738	Sure.	JOE:	わかった。	
739	Hello!	JOE:	やっほう！	
740	You beast, it was perfectly all right. You're not hurt.	PRINCESS:	あなた嫌な人ね。全然大丈夫じゃない。怪我してないわ。	
741	I'm sorry … I'm sorry. Okay?	JOE:	悪い悪い、大丈夫？	

742	Yes.	PRINCESS:	ええ。	
743	All right—let's go. Look out!	JOE:	じゃ行こう，わーっ！	☆Look out！：気をつけろ！／用心しろ！

* 祈りの壁

744	I'll park at the corner.	IRVING:	そこの角に停めるよ。	
745	What do they mean—all these inscriptions?	PRINCESS:	これどういう意味？この絵馬は？	☆inscription：記されたもの，碑文
746	Well, each one represents a wish fulfilled. It all started during the war, when there was an air raid, right out here—a man with his four children was caught in the street.	JOE:	各々の絵馬は叶った望みを表しているんだ。このような習慣は全て戦争中に始まったんだ。ここで，4人の子供を連れていた人が通りで空襲にあった。	☆fulfill：実現する ☆air raid：空襲
747	They ran over against the wall, right there, for shelter prayed for safety. Bombs fell very close but no one was hurt. Later on, the man came back and he put up the first of these tablets.	JOE:	彼らは，避難するためにすぐそこの壁に向かって走り，安全を祈った。爆弾が至近距離に落ちたが誰も怪我をしなかった。やがてこの人は戻って来て最初の絵馬を掲げた。	☆tablet：刻板
748	Since then it's become a sort of a shrine. People come and whenever their wishes are granted, they put up another one of these little plaques.	JOE:	それ以来お社のようになってね。ここにやって来てそして願いが叶うとこれらの絵馬をかけるようになったんだ。	
749	Lovely story.	PRINCESS:	素敵なお話だわ。	
750	Read some of the inscriptions.	JOE:	いくつか読んでごらん。	
751	Make a wish? Tell the Doctor?	JOE:	願いごとをしたかい？先生に言ってごらん？	
752	Anyway, the chances of it being granted are very slight.	PRINCESS:	ともかく，その願いが叶う可能性はほとんどないのよ。	
753	Well, what now?	IRVING:	さあ，これからどうする？	
754	I've heard of a wonderful place for dancing—on a boat.	PRINCESS:	船の上でダンスをする素敵な場所の話を聞いたのですが。	
755	Oh, you mean the barges down by Sant Angelo?	JOE:	サンタンジェロ城下近くの台船のことかい？	
756	Yes, couldn't we go over tonight?	PRINCESS:	そう，今夜行けるかしら？	
757	Hey, why not?	IRVING:	もちろんだよ。	
758	Oh, anything you wish.	JOE:	君が望むものは何でも。	
759	Then at midnight, I'll turn into a pumpkin and drive away in my glass slipper.	PRINCESS:	それで，夜中の12時に，かぼちゃの馬車に乗り込み，ガラスの靴を履いて走り去るわ。	

760	And that'll be the end of the fairy tale. Well, I guess, uh, Irving has to go now.	JOE:	それでおとぎ話は終わりというわけ。さて、アービングは行かなくてはならないんだろ？	
761	I do?	IRVING:	俺が？	
762	Yes, you know that big business development of yours that you have to attend to?	JOE:	そう，大開発だよ，しなきゃいけない仕事があるんだろ。	☆development：「仕事の開発」に「写真の現像」をかけている
763	Oh, the development?	IRVING:	おう，開発か？	
764	Yes—can't afford not to take care of that.	JOE:	面倒みない訳には行かないだろう。(直訳＝面倒見ない余裕はないよ)	
765	Yeah. Uh, I'll see you later, Smitty.	IRVING:	そうだ。スミティ，じゃ後で。	
766	Good luck with the big development.	PRINCESS:	開発のこと頑張ってね。	
767	Thanks.	IRVING:	ありがとう。	

＊ダンス会場

768	Hello.	PRINCESS:	今晩は。	
769	Hello.	JOE:	やあ。	
770	Mr. Bradley, if you don't mind my saying so, I … I think you are a ringer.	PRINCESS:	ブラッドリーさん，こう言っても構わないでしょうか，あなたはソックリさんだと。	☆ringer：うりふたつ，ソックリ，クリソツ，王女はringerを素敵な人の意味だと思っている。
771	Ah what? Oh, thanks very much.	JOE:	え，何？　ああ，ありがとう。	
772	You've spent the whole day doing things I've always wanted to. Why?	PRINCESS:	私がやりたいと思っていたことに1日中付き合ってくれたけれど，どうして？	
773	I don't know. It seemed the thing to do.	JOE:	わからない。しなくちゃと思えたんだ。	
774	I never heard of anybody so kind.	PRINCESS:	そんなに親切な方聞いたことありません。	
775	It wasn't any trouble.	JOE:	造作もないことです。	
776	Or so completely unselfish.	PRINCESS:	つまりちっとも利己的ではないのね。	
777	Let's have a drink at the bar.	JOE:	バーで飲もうよ。	
778	Oh, finalmente! There you are! Scusatemi tanto. I look for you long time. I think maybe you not come.	MARIO:	そこだったのか。ずっと待ってたんだ。来ないかもって思った。	

＊マリオ、やってくる

779	Off—all off!	MARIO:	剃ったんです。ヒゲを全部。	
780	Oh—it's nice without …, isn't it? Cool.	PRINCESS:	ないといい……でしょ？　カッコいい。	

781	Oh, very, very good.	MARIO:	とっても、いいね。		
782	This is Mr. Bradley …	PRINCESS:	こちらブラッドリーさんよ。		
783	I … Mario De Lani.	MARIO:	私、マリオ・デラーニ。		
784	Old friends?	JOE:	古い友達？		
785	Oh yes, he cut my hair this afternoon. He invited me here tonight.	PRINCESS:	ええ、今日髪を切ってくれたの。今夜ここへ招待してくれたのよ。		
786	Well, what did you say the name was?	JOE:	そう、で名前は何と言ったっけ？		
787	De Lani―Mario De Lani.	MARIO:	デラーニ、マリオ・デラーニ。		
788	Mario De Lani.	JOE:	マリオ・デラーニか。		
789	Yes.	MARIO:	そう。		
790	I'm very glad to know you.	JOE:	知り合いになれてうれしいね。		
791	Me, too. Oh, may I enjoy myself ―the pleasure? You mind?	MARIO:	彼女と踊っても構いませんか？		
792	No, no―go right ahead.	JOE:	どうぞどうぞ。		
793	I thank you.	MARIO:	ありがとう御座います。		

＊アーヴィングの登場

794	Stampa!	IRVING:	新聞社の者だ。(Stampaは新聞社の名前)		
795	Ciao, Joe―did I miss anything?	IRVING:	何か見逃さなかったかい？		
796	You're just in time, pal.	JOE:	ちょうど間に合ったよ。		
797	Who's Smitty dancing with?	IRVING:	スミティと踊ってるのは誰だい？		
798	Her barber. He cut her hair this afternoon―made a date for tonight.	JOE:	床屋だよ。今日の午後彼女の髪を切って、今夜の約束をしたんだ。	☆make a date：約束をする	
799	A Princess and a barber.	IRVING:	王女と床屋か。		
800	What is it?	PRINCESS:	何なの？		
801	Momento.	MARIO:	ちょっと待って。		
802	All good.	SECRET SERVICE MAN:	何も変わったことはない。		
803	Thank you. (LAUGH)	MARIO & PRINCESS:	ありがとうございました。(笑い)		
804	Bye!	MARIO:	じゃあ。		

＊秘密警察官が現れる。乱闘が始まる

805	Your Highness! You'll dance quietly towards the entrance. There is a car waiting.	SECRET SERVICE MAN:	王女様！踊りながら静かに入り口に向かってください。車を待たせてあります。		
806	No!	PRINCESS:	嫌です！		

807	Your Highness, please!	SECRET SERVICE MAN:	王女様，どうぞ。
808	You've made a mistake … I … non parlo inglese … Let me go! Will you let me go! Mister Bradley! Let me go! Will you? Mr. Bradley!	PRINCESS:	人違いです……私……間違えてます。英語話しません。離して。離して下さい。ブラッドリーさん！
809	Hit him again, Smitty!	IRVING:	もう一度殴って，スミティ！
810	Joe, here are my car keys.	IRVING:	ジョー，車の鍵だ。
811	The police! The police! Come on!	JOE:	警察だ，警察だ。さあほら。
812	The other side of the bridge!	IRVING:	橋の向こう側だ。

＊河岸に泳ぎ着くアンとジョー

813	All right?	JOE:	大丈夫？
814	Fine—how are you?	PRINCESS:	ええ，あなたは？
815	Oh fine! Say—you know you were great back there.	JOE:	大丈夫。ほら，あのう，さっきはすごい活躍だったね。
816	You weren't so bad yourself.	PRINCESS:	あなたもなかなかでしたわ。
817	Well … I … I … guess we'd better get Irving's car—and get out of here.	JOE:	さて，アービングの車で……ここから立ち去ったほうがよさそうだ。

＊ジョーの部屋のふたり

818	This is the American Hour from Rome, continuing our program of musical selections.	RADIO ANNOUNCER:	ローマからのアメリカンアワーです。音楽の番組を続けます。
819	Everything ruined?	JOE:	みんな駄目？
820	No, they'll be dry in a minute.	PRINCESS:	いいえ，すぐ乾くわ。
821	Suits you. You should always wear my clothes.	JOE:	君に似合うよ。いつも僕の衣類を着るといいよ。
822	Seems I do.	PRINCESS:	そのようね。
823	I thought a little wine might be good.	JOE:	ワインでも飲んだらよいと思って。
824	Shall I cook something?	PRINCESS:	何か料理作りましょうか？
825	No kitchen. Nothing to cook. I always eat out.	JOE:	台所がないんだ，それに材料も。いつも外食してるんだ。
826	Do you like that?	PRINCESS:	その方が好きなんですか？
827	Well, life isn't always what one likes. Is it?	JOE:	いや，人生ってのはままならないものさ，だろ？
828	No, it isn't.	PRINCESS:	ええ，そうね。
829	Tired?	JOE:	疲れた？

830	A little.	PRINCESS:	少しだけ。	
831	You've had quite a day.	JOE:	大変な1日だったね。	
832	A wonderful day!	PRINCESS:	素晴らしい日だったわ。	
833	This is the American Hour from Rome broadcasting a special news bulletin in English and Italian.	RADIO ANNOUNCER:	ローマからのアメリカンアワーです。英語と伊語で放送しております。	
834	Tonight there is no further word from the bedside of Princess Ann in Rome, where she was taken ill yesterday on the last leg of European goodwill tour.	RADIO ANNOUNCER:	今夜ヨーロッパ親善旅行最後の訪問先であるローマで病気になられたアン王女のご容態に関するニュースはありません。	☆bedside： 　（病人の）まくら元 ☆the last leg： 　旅行最後の行程
835	This has given rise to rumors that her condition may be serious, which is causing alarm and anxiety among the people in her country …	RADIO ANNOUNCER:	そのためご病状が深刻なのではという不安と懸念が国民の間に広がっています。	
836	Hmph. The news can wait till tomorrow.	PRINCESS:	ニュースは明日にしましょう。	
837	Yes.	JOE:	そう。	
838	May I have a little more wine? I'm sorry I couldn't cook us some dinner.	PRINCESS:	もう少しワインを頂けますか？　料理作れなくて残念ですわ。	
839	Did you learn how in school?	JOE:	学校で習ったの？	
840	Mmm—I'm a good cook. I could earn my living at it. I can sew, too and clean a house and iron. I learned to do all those things—I just haven't had the chance to do it—for anyone.	PRINCESS:	料理は上手よ。それで生計がたてられるくらい。裁縫も，掃除も，アイロンも出来るわ。全部習ったのにチャンスがなかったの，誰かのためにするという。	
841	Well, looks like I'll have to move. I'll get myself a place with a kitchen.	JOE:	そうだね，引っ越しした方が良いみたいだね。台所付きの部屋を手に入れよう。	
842	Yes … I shall have to go now.	PRINCESS:	そうね。私帰らなくては。	
843	Anya … there's something that I want to tell you …	JOE:	アーニャ，君に言っておきたいことがある……。	
844	No … please. Nothing. I must go and get dressed.	PRINCESS:	いいえ。何も言わないで。（浴室に）行って着替えなくては。	

＊車の中のふたり

845	Stop at the next corner, please.	PRINCESS:	次の角で停車して下さい。	
846	Okay. Here?	JOE:	ああ，ここでいいかい？	

847	Yes. I have to leave you now. I'm going to that corner there and turn. You must stay in the car and drive away. Promise not to watch me go beyond the corner? Just drive away and leave me, as I leave you.	PRINCESS:	ええ，お別れしなくては。あそこの角に行ってそこで曲がるわ，あなたは車に居て走り去ってね。あの角から先は見ないと約束して頂けますか？ 走り去ってお別れして頂けますか？ 私がお別れするように。	
848	All right.	JOE:	わかった。	
849	I don't know how to say good-bye. I can't think of any words.	PRINCESS:	どのようにお別れを言ったらよいかわかりません。どんな言葉も思いつきません。	
850	All right. Don't try.	JOE:	何も言わなくていいよ。	

*大使館に戻ったアン王女

851	Your Royal Highness—twenty-four hours … they can't all be blank.	AMBAS-SADOR:	王女様……24時間……何もないはずはあり得ません。	
852	They are not.	PRINCESS:	ええ。(そのとおりです。)	
853	But what explanation am I to offer Their Majesties?	AMBAS-SADOR:	ですが両陛下には何とご説明すべきでしょうか？	
854	I was indisposed. I am better.	PRINCESS:	気分が良くありませんでした。今は良くなりました。	☆indisposed：(一時的に) 気分がよくない，軽い病気の
855	Ma'am—you must appreciate that I have my duty to perform—just as Your Royal Highness has her duty …	AMBAS-SADOR:	王女様，私には為すべき義務があることをご理解頂かねばなりません……丁度王女様が義務をお持ちのように……	
856	Your Excellency, I trust you will not find it necessary to use that word again. Were I not completely aware of my duty to my family and my country, I would not have come back tonight. Or indeed, ever again.	PRINCESS:	閣下，その言葉は二度と使う必要はありません。私が王族と国民に対する義務を分かっていなかったら今夜戻ってこなかったでしょう。二度と戻らなかったでしょう。	
857	And now, since I understand we have a very full schedule today, you have my permission to withdraw.		さて，今日はスケジュールがつまっているので貴方は下がってよろしい。	
858	No milk and crackers. That will be all … thank you—Countess.	PRINCESS:	ミルクとクラッカーは要りません。もう結構です，ありがとう，伯爵夫人。	

*ジョーの部屋　編集長が飛び込んでくる

859	Is it true—did you really get it?	HENNESSY:	ジョー，それは本当か？ 本当にそれを手に入れたのか？	
860	Did I get what?	JOE:	何を手に入れたですって？	

(48)

861	The Princess story—the exclusive! Did you get it?	HENNESSY:	王女の記事だ，独占記事だよ。手に入れたのか？	
862	Oh. No—no, I didn't get it.	JOE:	いいえ，手に入れてはいませんよ。	
863	What? But that's impossible!	HENNESSY:	何だい？ でもそんなことってあり得ないぞ（＝そんな筈ないぞ）	
864	Have a cup of coffee or something?	JOE:	コーヒーでもどうですか？	
865	Joe, you can't hold out on me!	HENNESSY:	俺に隠し事はできんよ。	☆hold out on：与えるべき情報を与えないように隠し事をする
866	Who's holding out on you?	JOE:	誰が隠し事してるんですか？	
867	You are!	HENNESSY:	お前だ！	
868	What are you talking about?	JOE:	何のこと話してるんですか？	
869	I know too much! First you come into my office and ask about an exclusive on the Princess. Next you disappear. Then I get the rumor from my contact at the Embassy that the Princess isn't sick at all … and she's out on the town.	HENNESSY:	よーくわかってるんだ俺。最初に君がオフィスに来て，王女の独占記事について聞き，それで君は居なくなった。それから大使館のコネから噂を手に入れた。王女は全然病気なんかじゃなくて街で浮かれて騒いでるってな。	☆be (out) on the town：(街に出て)浮かれ楽しんで
870	What kind of a newspaper man are you? Do you believe every two-bit rumor that comes your way?	JOE:	どういう類のブン屋（新聞屋）なんですかあなたは？ 耳に聞こえる噂はどんな下らないものでも信じるんですか？	☆two-bit：くだらない，取るに足りない
871	Yeah? And a lot of other "rumors"—about a shindig on a barge down by the river—and the arrest of eight secret service men, from a country which shall be nameless—and then comes the news of the lady's miraculous recovery. It all adds up.	HENNESSY:	そうとも。他にも一杯噂はあるんだ，台船上でのダンスパーティとか，国籍を明かせないシークレットサービスが8人逮捕とか，そして次には王女様の奇跡的快復とかだ。それで全て辻褄が合う。	☆add up：(話，人の行動の)つじつまが合う
872	And don't think by playing hard to get you're gonna raise the price on that story. A deal's a deal. Now, come on—come on—come on—where is that story!		もったい付けてその記事の値段を吊り上げようなんて考えるなよ。取引は取引だ。さあ，さあ，その記事はどこだ？	☆play hard to get：(相手をひきつけるため)わざと冷たくする，じらす ☆raise prices：市価をつりあげる
873	I have no story.	JOE:	記事はありません。	
874	Then, what was the idea? …	HENNESSY:	どういうことだ？	

＊アーヴィングも現れる

875	Joe! Man—wait till you see these!	IRVING:	ジョー，おい，これ見てみろよ。	

876	Irving…	JOE:	アービング。	
877	Hi'ya, Mr. Hennessy! Oh you got here at the right moment!	IRVING:	やあ編集長。丁度良い時に居ましたよ。	
878	Irving!	JOE:	アービング！	
879	Wait till you get a look…! What's the idea?	IRVING:	ちょっと見て……どういうつもりだ？	
880	What do you mean, charging in here and spilling things all over my place?	JOE:	どういうことだ？ いきなり飛び込んできて俺の部屋中ぶちまけるなんて。	☆spill：「（液体を）こぼす」と「秘密をもらす」という2つの意味をかけている。
881	Who's spilling?	IRVING:	誰がこぼしているって？	
882	You did! I spoke to you about that once before. Don't you remember?	JOE:	お前だ。前に一度言っておいただろう。覚えてないのか？	
883	Joe, look at my pants! What…	IRVING:	ジョー，俺のズボンを見ろよ！	
884	Yeah, you better come in here and dry'em off…	JOE:	ここ（浴室）に入って乾かしたほうがいいよ。	
885	Oh, nuts to that. Hey, did you tell him about Smitty?	IRVING:	くそくらえだ。おい，お前スミティのこと言ったか？	☆nuts to that：〜なんかくそくらえ
886	Irving!	JOE:	アービング！	
887	Smitty?	HENNESSY:	スミティ？	
888	Oh—oh, Mr. Hennessy…!	IRVING:	あ，編集長……！	
889	Irving!	JOE:	アービング！	
890	Wait till…	IRVING:	ちょっと……	
891	There you go again, Irving!	JOE:	ほらまただよ，アービング。	
892	Joe…	IRVING:	ジョー……	
893	Hey!	JOE:	おい！	
894	Listen!	IRVING:	聞けよ！	
895	All right—save that till later. You're here early, anyway. Why don't you go home and—shave?	JOE:	わかった，後にとっておきなよ。何れにしろ来るのが早かったんだよ。家に戻って髭を剃りなよ。	☆shave：「髭をそる」と「close shave（危機一髪）」という2つの意味をかけている。
896	Shave?	IRVING:	髭剃り？	
897	Yeah. Or else keep quiet till Mr. Hennessy and I are finished talking.	JOE:	そうだ，じゃなきゃ編集長と俺との話が終わるまで黙っていろよ。	
898	Say, what kind of a routine is that? What are you two guys up to? Who's Smitty?	HENNESSY:	おい，どういう手口かね，それは？ お前ら2人何を企んでいるんだい？ スミティって誰なんだ？	☆be up to：（良くないことを）しようとして
899	Oh' he's a guy that we met. You wouldn't care for him.	JOE:	我々が会ったことある奴ですよ。編集長は好きじゃないだろうけど。	

(50)

900	And what am I supposed to look at?	HENNESSY:	何を私は見ることになっていたのかね？	
901	Oh, just a couple of Irving's dames. You wouldn't like'em. Maybe you would.	JOE:	アービングの女ですよ。編集長は好きじゃないでしょうけどね。いや、好きかも。	☆dame：女
902	Don't change the subject! When you came back into my office yesterday …	HENNESSY:	話題を変えるな。君が昨日オフィスに戻ってきた時……	
903	Yeah, I know―yesterday at noon I thought I had a good lead, but I was wrong. That's all there is to it. There is no story.	JOE:	そうそう、昨日の正午には良い手がかりがあると思ったんですけど間違っていました。それだけのことです。記事はありません。	
904	Okay. She's holding the press interview today. Same time. Same place. Maybe that's one story you can get! And you owe me five hundred bucks!	HENNESSY:	わかった。王女は今日記者会見を行う。同じ時間、同じ場所だ。その程度が君のとれる記事だろうよ。で、君は俺に500ドルの借りってことだ。	
905	Take it out of my salary. Fifty bucks a week.	JOE:	給料から引いて下さい。毎週50ドルずつ。	
906	Don't think I won't!	HENNESSY:	そうするとも！	

＊アービングとふたりになる

907	Hey, what gives? Have we had a better offer?	IRVING:	おい、一体どうしたんだい？ もっと良いオファーがあるのか？	
908	Irving … I don't know just how to tell you this, but …	JOE:	アービング、君にどう言っていいのかわからないけど……	
909	Wait till I sit down.	IRVING:	座るから待ってくれ。	
910	Well, in regard to the story that goes with these … there is no story.	JOE:	えーとこの写真に付ける記事なんだけど……それ無いんだよ。	☆in regard to～： ～に関して
911	Why not?	IRVING:	どうして？	
912	I mean, not as far as I'm concerned.	JOE:	俺に関する限りそうではない。	
913	Uh … hey, the … uh … pictures came out pretty well. You want to have a look at 'em?	IRVING:	ほら写真はうまく撮れてるよ。見たくはないかい？	
914	Huh? How about a blow-up from a negative that size, huh?	IRVING:	あんなサイズのネガからの引き伸ばしとしてはすばらしいだろ？	☆blow-up： 　写真の引き伸ばし ☆negative： 　写真のネガ
915	Yeah. Oh―this is her first cigarette, huh?	JOE:	そうだな、おや、これは最初のタバコ、かな？	
916	Oh, yeah. Rocca's. Here's the Mouth of Truth. Oh, you want to know the caption I had in mind there? "Barber Cuts In", huh?	IRVING:	そう、ロッカの店だ。ほら真実の口だ。俺の考えてる見出しを知りたいかい？「床屋切り込む」どうだ？	☆cut in：割り込む

917	Oh, here's the one I figured—would be the key shot for the whole lay-out. "The Wall Where Wishes Come True", hum?	JOE:	これが全体のレイアウトの大事なやつだと思うよ。「願いが叶う壁」は？	
918	Joe, that's good! Lead off with that, then follow up with the wishes?	IRVING:	ジョーそれ良いぞ！それで始めて願い事を続けたらどうかい？	☆lead off： 口火を切る
919	Yeah.	JOE:	うん。	
920	Looka here—I dug that up out of the file. "Princess Inspects Police"	IRVING:	これ見ろよ。ファイルの中から見つけたんだ。「王女，警察を視察」	
921	Yeah…	JOE:	そう。	
922	Police Inspects Princess	IRVING:	「警察，王女を尋問」	
923	Oh … (LAUGHS)	JOE:	おやおや。(笑う)	
924	Huh? How about that?	IRVING:	どうだ，いいだろ。	
925	That's pretty good—pretty good….	JOE:	とてもいいよ，とっても。	
926	I gotta a topper for you—there.	IRVING:	ちょと待った。最高傑作があるんだ，ほら。	☆topper： 最高のもの
927	Wow!	JOE:	おう。	
928	Is that a shot!	IRVING:	すごい1枚だろ！	☆shot： 写真，スナップ
929	What a picture!	JOE:	なんという写真だ！	
930	Is that a shot, Joe! "Bodyguard Gets Body Blow."	IRVING:	すごいやつだろ，ジョー！「ボディガード，ボディブローを食らう」	
931	Yeah. No—how about this? "Crowned Head" Huh?	JOE:	違うな，これはどうかい？"戴いた王冠"？	☆crown：王冠 (王女の一撃で護衛がギターの王冠をかぶっているように見える)
932	Oh, I get it!	IRVING:	それは頂きだ！	
933	It is … that's … Joe, you got … She's fair game, Joe. It's always open season on Princesses. You must be out of your mind!	IRVING:	ええと，彼女はとても良い獲物だよ。いつも解禁だ。君は気が狂ってるに違いない。	
934	Yeah, I know, but … well, look I can't prevent you from selling the pictures if you want to. You'll get a good price for 'em.	JOE:	そうだな，君が写真を売りたいんだったら俺には止められないよ。良い値段になるだろうよ。	
935	Yeah!	IRVING:	もちろんだ	
936	You going to the interview?	JOE:	記者会見に行くのか？	
937	You goin'?	IRVING:	君は行く？	
938	Yeah—it's an assignment—isn't it?	JOE:	うん，それが仕事，だろ？	
939	Yeah. I'll see you.	IRVING:	うん，じゃ後で。	

*記者会見場　豪勢な謁見の間

940	It ain't much, but it's home.	IRVING:	大したことないよ，家みたいなもんさ	
941	Ladies and gentlemen—please approach.	MR. NOBILE:	皆さん，こちらへお進み下さい。	
942	*Sua Altezza Reale* … Her Royal Highness.	MR. HORNE:	王女様のお出まし。	
943	Your Royal Highness—the ladies and gentlemen of the Press.	AMBAS-SADOR:	王女様，新聞社の人々です。	(記者会見ではすべて本物の記者が出演)
944	Ladies and gentlemen—Her Royal Highness will now answer your questions.	HORNE:	皆さん，王女様が質問にお答えします。	☆at the outset：最初は
945	I believe at the outset, Your Highness, that I should express the pleasure of all of us at your recovery from the recent illness.	DEAN OF PRESS:	では最初に，王女様の先だってのご病気が快復されて，私どもみんなの喜びを表したいと思います。	
946	Thank you.	PRINCESS:	ありがとう。	
947	Does Your Highness believe that federation would be a possible solution to Europe's economic problems?	WERBA:	王女様は，連合によって欧州の経済問題を解決可能だと思われますか？	
948	I am in favor of any measure which would lead to closer cooperation in Europe.	PRINCESS:	欧州各国間のより緊密な関係に促進する案であれば賛成です。	☆in favor of～：～に賛成で
949	And what, in the opinion of Your Highness, is the outlook for friendship among nations?	GENNETTE:	王女様のご意見として，各国間の親善の見通しはいかがでしょうか？	☆outlook：（物事の）見通し
950	I have every faith in it, as I have faith in relations between people.	PRINCESS:	各国間の友好を心から信じています，人々の友情を信じるように。	
951	May I say, speaking for my own Press Service, we believe that Your Highness' faith will not be unjustified.	JOE:	我が新聞社を代表して申し上げます，王女様の信頼は裏切られることはないと信じます。	
952	I am so glad to hear you say it.	PRINCESS:	そのことを伺って嬉しく思います。	
953	Which of the cities visited did Your Highness enjoy the most?	NILSSEN:	ご訪問された都市で最も気に入られたところは何処でしょうか。	
954	Each in its own way …	GENERAL:	いずこもそれなりに……。	
955	Each in its own way was unforgettable. It would be difficult to …	PRINCESS:	いずこもそれなりに忘れ難く，（選ぶのは）難しいのですが……	
956	Rome! By all means Rome. I will cherish my visit here in memory, as long as I live.	PRINCESS:	ローマです。間違いなくローマです。この訪問を一生懐かしく記憶にとどめることでしょう。	

957	Despite your indisposition, Your Highness?	KLINGER:	ご病気になられたにも拘らずですか、王女様？	☆indisposition：気分の悪いこと
958	Despite that.	PRINCESS:	そのとおりです。	
959	Photographs may now be taken.	HORNE:	写真撮影をどうぞ。	
960	Thank you, ladies and gentlemen. Thank you very much.	AMBAS-SADOR:	皆さんありがとうございました。	
961	I would now like to meet some of the ladies and gentlemen of the Press.	PRINCESS:	皆さんの何人かとお会いしたいのですが。	
962	Hitchcock, Chicago Daily News.	DEAN OF PRESS:	シカゴ・デーリー・ニューズのヒッチコックです。	
963	I am so happy to see you here.	PRINCESS:	お会い出来て嬉しく思います。	
964	Thank you.	DEAN OF PRESS:	ありがとう御座います。	
965	*Scanziani de La Suisse.*	SCANZIANI:	「ラ・スイス」のスカンチアニです。	
966	*Klinger, Deutsche Presse Agentur.*	KLINGER:	「ドイツ通信社」のクリンガーです。	
967	*Freut mich sehr.*	PRINCESS:	光栄です。	
968	*Maurice Montabr Le Figaro.*	MONTABRE:	「ル・フィガロ」のモーリス・モンタブレです。	
969	*Sytske Galema of De Linie, Amsterdam.*	MISS GALEMA:	アムステルダム「デ・リニイ」のシッケ・ハレマです。	
970	*Dag, mevrouw.*	PRINCESS:	こんにちは。	
971	*Jacques Ferrier, Ici Paris.*	FERRIER:	「イシィ・パリ」のジャック・フェリエです。	
972	*Enchantee.*	PRINCESS:	はじめまして。	☆フランス語
973	*Gross, Davar Tel Aviv.*	GROSS:	「ダヴァル・テル・アヴィヴ」のグロスです。	
974	*Cortes Cavanillas, ABC Madrid.*	CAVANILLAS:	「ABCマドリッド」のコルテス・カヴァニラスです。	
975	*Encantada.*	PRINCESS:	はじめまして。	☆スペイン語
976	Lampe of New York Herald Tribune.	LAMPE:	「ニューヨーク・ヘラルド・トリビューン」のランペです。	
977	Good afternoon.	PRINCESS:	こんにちは。	
978	Good afternoon.	LAMPE:	こんにちは。	
979	Irving Radovich, CR Photo Service.	IRVING:	CRフォト・サービスのアービング・ラドビッチです。	
980	How do you do?	PRINCESS:	はじめまして。	

981	Uh ... may I present Your Highness with some commemorative photos of your visit to Rome.	IRVING:	ローマご訪問の記念写真を差し上げたいと思うのですが。
982	Thank you so very much.	PRINCESS:	ありがたく頂きます。
983	Joe Bradley—American News Service.	JOE:	アメリカン・ニュース・サービスのジョー・ブラッドリーです。
984	So happy, Mr. Bradley.	PRINCESS:	とても嬉しく思います, ブラッドリーさん。
985	*Moriones, La Vanguardia, Barcelona.*	MORIONES:	バルセロナの「ラ・ヴァンガルディア」のモリオネスです。
986	Stephen House of London Exchange Telegraph.	HOUSE:	「ロンドン・エクスチェンジ・テレグラフ」のステファン・ハウスです。
987	Good afternoon.	PRINCESS:	こんにちは。
988	*DE ALVISIO, Agent de Presse.*	DE ALVISIO:	「アジェンス・プレス」のデ・アルヴィジオです。

編集・注釈協力　松尾和子　野崎淑子　廣瀬永子

本編

> **Key Sentence 1 (16)**
>
> I'm so glad that you could come.
>
> おいでくださってとても嬉しいです。

場面の背景▶大使館　レセプション会場

アン王女歓迎のレセプション。各国のローマ駐在大使が婦人を伴って参列している。

ポイント

＊I'm so glad (that)～．　～でとても嬉しいです。that は省略可能です。
＊他の文型　I'm so glad to do～．
　例文　I'm so glad to see you again.
　　　　あなたに，またお会い出来てとても嬉しい。
　　　　『Gone with the Wind（1939）（風と共に去りぬ）』

1500語でこんなに話せる！

① あなたから手紙［メール］をもらえてうれしいです。
　I'm so glad to hear from you.
　＊hear from～　～から聞く［連絡をもらう］

② オリンピックに行きます。とても嬉しい。
　I'm going to the Olympics. I'm so glad.
　＊このように I'm so glad. は単独でも使えます。
　＊go to～　～に行く

🎬 他の映画のセリフから

『The Lucky One（2012） 一枚のめぐり逢い』

I'm glad you came.
来てくれて嬉しいわ。

『Mamma Mia!（2008） マンマ・ミーア』

I'm so glad you're here.
とても嬉しいわ，あなたがここにいてくれて。

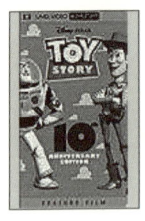

『Toy Story（1995） トイ・ストーリー』

I'm so glad you're not a dinosaur!
あなたが恐竜でなくてホントに良かった。

＊dinosaur【名】 恐竜，巨大で時代遅れなもの，大き過ぎて役に立たないもの，時代遅れの人［物］

キーセンテンスが登場する場面の近くから

#22　How do you do?
　　　初めまして。

　どの辞書にも"丁寧過ぎる挨拶表現。初対面の挨拶（「初めまして」）としては"Hi!"または"Nice to meet you."の方が一般的"とあります。

　ETMは25年間映画のセリフを学習してきましたが，ハリウッドが製作の映画で"How do you do?　初めまして。"の表現にはほとんど遭遇しませんでした。『ホリデイ』で，イギリス人・Grahamの子供Sophieがアメリカ人・AmandaにHow do you do?と聞き，Amandaは面喰ったようにI'm fine, thank you. How are you?と返し，SophieはVery well, thank you.と答えるシーンがありました。また，最近の映画では『Last Chance Harvey』で一カ所出てきました。（以下参照）

1（16）I'm so glad that you could come.

　　Kate: Hello. How do you do?
　　Simon: Hi. Nice to meet you.
〈ブラインド・デートでの会話〉

　イギリスでも通常，日常生活で "How do you do?" という挨拶はしません。初めて誰かに会う時の挨拶は，"How are you?" が最も一般的です。何度か会っている人には，カジュアルな表現である "How are things?"，"How's it going?" を使うこともあります。

参考　"How are you?" と訊かれた時に，ネイティブが比較的よく使う表現をいくつかご紹介します。

① Can't complain.　不平は言えないよ。→まあまあだよ。
② Not bad.　まあまあ良い。
　＊アメリカ人も使いますが，どちらかというとイギリス人がより好んで使っている印象を持ちます。
③ Good.　いいよ。
④ I'm well.　いいですよ。
⑤ Great!　とってもいいよ！
⑥ Couldn't be better!　最高さ！

Lesson 1

　次の語を英語にして **I'm so glad (that) you could**～に続けて言ってみましょう。
1 ）あなたにお立ち寄りいただけて本当にうれしく存じます。
2 ）君が来ることができてすごくうれしいよ。
3 ）アマゾンでそれを買えて実に良かったと，今思っています。

答え

1 ）I'm so glad you could stop by. (I'm so glad you stopped by.)
2 ）I'm so glad you could make it.
3 ）Now I'm so glad I could buy it at Amazon.

Lesson 2

次の日本語を瞬時に英語にして，声に出して言ってみましょう。繰り返し練習してください。

1）おいで頂いて嬉しいです。
2）あなたにまたお会い出来てとても嬉しい。
3）オリンピックに行きます。とても嬉しいです。
4）嬉しいわ，あなたがここにいてくれて。
5）あなたが恐竜でなくて良かった。
6）あなたに寄っていただけて本当にうれしく存じます。
7）君が来ることができてすごくうれしいよ。
8）今は，アマゾンで，それを買えて実に良かったと思っています。

答え

1）I'm so glad that you could come.
2）I'm glad to see you again.
3）I'm going to the Olympics. I'm so glad.
4）I'm so glad you're here.
5）I'm so glad you're not a dinosaur!
6）I'm so glad you could stop by.
7）I'm so glad you could make it.
8）Now I'm so glad I could buy it at Amazon.

☕ コーヒーブレイク1

誰かに初めて会って「会えて嬉しい。」と言いたい時は,その嬉しさの度合いによって,nice → good → great などと単語を変えて言いましょう。

〔嬉しさの度合い (弱)→(強)〕

　　Nice to meet you. → Good to meet you. → Great to meet you.

それに対する返答「私もです。」は以下のように言います。

　　[Nice to meet] You too. / Likewise. / Same here.

再会の時には,動詞を meet から see に変えます。again をつけても OK です。

　　Nice to see you (again). → Good to see you (again). → Great to see you (again).

参考　It was great to meet you. / Great to meet you. / It was great meeting you.
　　　会えて本当によかったです。

Key Sentence 2 (36)	You have lovely things.
	素敵なものをお持ちですね。

場面の背景▶王女の居室

公式行事でストレスのたまったアン王女は駄々をこね，自分の着ているものすべてが嫌いだと言い始める。（駄々をこねる＝act like a baby）
その時の彼女の言葉がこれです。

ポイント

＊lovely

〈主にイギリス英語〉素晴らしい，すてきな，楽しい，うれしい

同意語は beautiful（美しい，素晴らしい），attractive（魅力的な，素敵な）です。

例文
① What a lovely day!
   素晴らしい天気だ！
② You look lovely in that dress.
   そのドレス似合っていますよ。
   参考　Wow, this dress looks lovely.
   　　　わぁ，このワンピース，すてきね。
③ You have a beautiful family.
   あなたには素晴らしい家族がいるわ。

他の映画のセリフから

『Sleepless in Seattle (1993) めぐり逢えたら』

Cold salmon, a lovely cucumber salad, strawberries.

コールド・サーモンに，美味しいきゅうりのサラダ，そしていちご（はどう）。

＊cucumber　きゅうり　＊salad　サラダ
＊strawberry　いちご

I'm afraid I am allergic to strawberries.

すみません，僕はいちごアレルギーなんです。

＊be allergic to〜　〜アレルギーの

『Spider-Man 3 (2007) スパイダーマン3』

You have lovely friends.

素敵なお友達がいますね。

My best friends.

私の親友たちです。

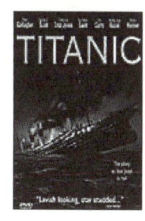

『Titanic (1997) タイタニック』

What a lovely idea. I need to catch up on my gossip.

なんて素敵なアイデアでしょう。私は自分が何て言われているか噂を仕入れなくては。

＊catch up on〜　〜に遅れずについていく

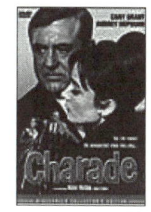

『Charade (1963) シャレード』

It's a lovely town. Are you having a good time? So many things to see.

素敵な街です。楽しんでますか？　見るものがとてもたくさんあります。

＊have a good time　楽しい時間を過ごす
＊so many〜　非常にたくさんの〜

> キーセンテンスが登場する場面の近くから

> #36　my dear
>   　　あなた（ていねいな呼び掛け）

年齢に関係なく，親しみをこめて呼びたい時に使います。

Lesson 1

次の語を英語にして **You have~** に続けて言ってみましょう。

1）確かなもの（sure thing）
2）美しい娘
3）良い名前

【答え】

1）You have a sure thing.
2）You have a beautiful daughter.
3）You have a great name.

【参考】　＊You have~. は，このように褒め言葉としても使えます。

【例文】　(You) Have a good day / evening!
　　　　良い一日〔良い夜〕を！
　　　　※別れ際に友人同士で，あるいは店員さんが常連客などに品物を渡しながら言うのがこの表現です。こう言われたら，Thanks, you too. と答えましょう。

10

2 (36) You have lovely things.

☕ コーヒーブレイク2

"私も"と同調したい時の表現をご紹介します。
カジュアルなシチュエーションで使える表現には(c)を，フォーマルなシチュエーションで使える表現には(f)と記しています。

① A: I quit.　やめた。
　　B1: Me, too.　(c)　　B2: So do I.　(f)

② A: I have no idea.　私にはまったくわかりません。
　　B1: Me, either. / Me, neither.　(c)　　B2: Neither do I.　(f)

（解説）　前の文が否定文の時，それに同調する「私も」は "Me, either." になります。否定の気持ちを強めたい時は "Me, neither." にします。("Me, either." よりもくだけた表現です。)

③ A: I love you.　君を愛してる。
　　B: You too.　(c)

＊全文は（I love）You too. ですので，"You too." となります。
これを "Me too." と返答してしまうと，"I love me, too. 私も自分を愛しているわ。"の意味になりますので，気をつけましょう。

　　cf) A: Take care.　気をつけてね。
　　　　B: You too!　あなたもね！

注）略式では以下のようにコンマを省くことも出来ます。
　　Ex) Me too.　　You too.　　Me either. / Me neither.

🗣 1500語でこんなに話せる！

世間はせちがらい。／いろいろと大変で。
Things are tough.

Lesson 2

次の日本語を瞬時に英語にして，声に出して言ってみましょう。繰り返し練習してください。

1) 素晴らしい天気だ！
2) そのドレス似合っていますよ。
3) わあ，このワンピース，すてきね。
4) なんて素敵な考えでしょう。私は自分がなんて言われているか噂を仕入れなくては。
5) 素敵な街です。楽しんでますか？ 見るものがとてもたくさんあります。
6) 確かなものをお持ちですね。
7) 美しいお嬢様をお持ちですね。
8) 素晴らしい名前ですね。
9) 良い一日を！
10) どうも，あなたも。
11) 世間はせちがらい。

答え

1) What a lovely day!
2) You look lovely in that dress.
3) Wow, this dress looks lovely.
4) What a lovely idea. I need to catch up on my gossip.
5) It's a lovely town. Are you having a good time? So many things to see.
6) You have a sure thing.
7) You have a beautiful daughter.
8) You have a great name.
9) (You) Have a good day!
10) Thanks, you too.
11) Things are tough.

Key Sentence 3 (37)

Why can't I sleep in pajamas?

どうしてパジャマで寝てはいけないの？

ポイント

* Why can't I～?　どうして～してはいけないのか？
  - 参考　Why don't we～?
    ～しようじゃないか／～しようよ。
  - 例文　Why don't we eat out?
    外で食事しようよ。
    * eat out　外食する
* sleep in～　～で寝る
  - 例文　I sleep in a bra.
    ブラジャーを着けたまま眠ります。
* pajamas / pyjamas [pədʒáːməz, pədʒǽməz]
  ※日本語になっている単語は発音に注意しましょう。
* pajamas: top part ＋ bottom part なので s が必要！
  cf)　複数形で使う単語
  - 例　パンツ pants，ズボン trousers，メガネ glasses

1500語でこんなに話せる！

① 彼は食いしん坊でたくさん食べるのよ。
   He's greedy and he eats a lot.
   * greedy 【形】貪欲な，がめつい，ガツガツした
   * a lot　たくさん

② 今日，寝坊しちゃった。
   I slept in today. / I overslept today.

＊sleep in, oversleep　寝過ごす
③　目覚まし時計が鳴っても起きなかった。／目覚ましの音に気付かず，寝過ごした。
　　I slept through the alarm clock.
　　＊sleep through the alarm
　　　　目覚ましの音に気付かずに寝過ごす／目覚ましが鳴っても起きない
　　　参考　sleep through the party
　　　　　　寝過ごしてパーティーに行きそびれる

🎬 他の映画のセリフから

『As Good as It Gets（1997）　恋愛小説家』
Why can't I just have a normal boyfriend? Why?
どうして私には普通のボーイフレンドが出来ないの？　なぜ？

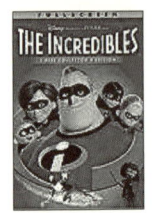

『The Incredibles（2004）　Mr. インクレディブル』
Why can't I do the best that I can do?
どうして自分はベストがつくせないのか？
＊do the best　最善を尽くす
　　参考　I'll do the best I can.
　　　　　できる限りのことはさせていただきます。

『Click（2006）　もしも昨日が選べたら』
Why can't we camp in an RV like every other family?
なぜ僕たちは，他の全ての家族のようにRV車でキャンプできないの？
＊like〜　〜のように
＊every other　他の全ての，一つおきの
＊RV = recreational vehicle

14

Lesson 1

Why can't I sleep in pajamas?

次の語を英語にして Why can't I~? に続けて言ってみましょう。

1) あなたと一緒に行く
2) あなたと一緒にディナーに出かける
　　　～に出かける（go out for～）#216参照（p.82）
3) 彼と会う
4) たくさん食べる（eat much）

答え

1) Why can't I go with you?
2) Why can't I go out for dinner with you?
3) Why can't I meet him?
4) Why can't I eat much?

Lesson 2

次の日本語を瞬時に英語にして，声に出して言ってみましょう。繰り返し練習してください。

1) 外で食事しようよ。
2) 私はブラジャーを着けたまま寝ます。
3) どうして私には普通のボーイフレンドが出来ないの？
4) どうして自分はベストがつくせないのか？
5) なぜ僕たちは，他の家族のようにRV車でキャンプできないの？
6) 彼は食いしん坊でたくさん食べるのよ。
7) 今日は寝坊した。
8) 目覚ましの音に気付かず，寝過ごした。

答え

1) Why don't we eat out?
2) I sleep in a bra.

3) Why can't I just have a normal boyfriend?
4) Why can't I do the best that I can do?
5) Why can't we camp in an RV like every other family?
6) He's greedy and he eats a lot.
7) I slept in today. / I overslept today.
8) I slept through the alarm clock.

Key Sentence 4 (42)

Please put on your slippers and come away from the window.

スリッパを履いて窓から離れて下さい。

ポイント

＊slippers

【日英比較】日本語のスリッパよりも意味が広く，低いかかとのある室内履きの靴も含む。日本語のスリッパに相当するのは mule，《米》ではまた scuff という。

＊履く，着る put on と wear の違いに注意しましょう。
　wear：「着ている，身につけている」という状態を表す。
　put on：「上に羽織る」という動作を伴っている時に使う。

> 参考　be dressed up
> 　　　ドレス・アップしている
> 　　　dress up like〜
> 　　　〜のような格好をする

他の映画のセリフから

『The Curious Case of Benjamin Button (2008) ベンジャミン・バトン数奇な人生』

I do remember she wore diamonds.

彼女がダイアモンドを付けていたのを僕はしっかりと覚えている。

＊do　（強調）本当に，実に
＊remember〜　〜を覚えている
＊wore　wear（着る）の過去形

And she always dressed in fine clothing, as if she was going out.

それに，いつも上等な洋服を着ていた。まるで，お出かけするかのようにね。

＊fine　上等な　　＊clothing　衣類，洋服
＊go out　出かける
＊as if 主語＋動詞　まるで〜のように

『The School of Rock（2003）　スクール・オブ・ロック』

What are you all dressed up for?
君達みんな，どうしてそんなにドレス・アップしているの？

『The 40 Year Old Virgin（2005）　40歳の童貞男』

I'll dress up like Iron Man.
僕はアイアン・マンのような格好をするつもりだ。

Lesson 1

Please put on〜. に続けて言ってみましょう。

1）安全ベルトを着用してください。
　　※安全ベルト　a life belt
2）３Ｄメガネをかけて下さい。
3）ＣＤをかけて下さい。
4）コートを着て下さい。
5）化粧して下さい。

答え

1）Please put on a life belt.
2）Please put on your 3D glasses.
3）Please put on a CD.
4）Please put on a coat.

4 (42) Please put on your slippers and come away from the window.

5） Please put on your makeup [make-up].

Lesson 2

次の日本語を瞬時に英語にして，声に出して言ってみましょう。繰り返し練習してください。

1） 彼女がダイアモンドを付けていたのを僕はしっかりと覚えている。
2） どうしてそんなにドレス・アップしているの？
3） 僕はアイアン・マンのような格好をするつもりだ。
4） 安全ベルトを着用してください。
5） 3Dメガネをかけて下さい。
6） CDをかけて下さい。
7） コートを着て下さい。
8） 化粧して下さい。

答え

1） I do remember she wore diamonds.
2） What are you all dressed up for?
3） I'll dress up like Iron Man.
4） Please put on a life belt.
5） Please put on your 3D glasses.
6） Please put on a CD.
7） Please put on a coat.
8） Please put on your makeup [make-up].

Key Sentence 5 (46)

I'm too tired to sleep.

疲れすぎて眠れません。

ポイント

※too ... to do（動詞）〜
〜するには…すぎる／あまりにも…なので〜できない．
＊tired 【形】疲れた，しんどい

他の映画のセリフから

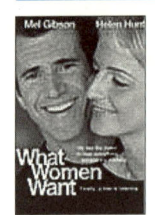

『What Women Want（2000） ハート・オブ・ウーマン』

A: I wonder if it's too late to go over there.
　向こうへ行くのはもう遅すぎるのではないかと思う。
B: Of course it's not. It's never too late to do the right thing.
　もちろんそんなことないよ。正しいことをするのに遅すぎることはないから。
　＊(be) never too late to〜
　　〜するのに遅過ぎるということはない

『Spider-Man（2002） スパイダーマン』

Maybe I'm too embarrassed to ask him.
あまりに恥ずかしくて彼には聞けない。
＊be embarrassed　恥ずかしい

Lesson 1

I'm too tired to sleep.

次の語を英語にして tired，sleep の代わりに適語を入れて言ってみましょう。

1）年を取っているのでそれを無視できない。
2）お酒を飲むには若すぎるからです。
3）弱すぎて歩くことができない。
4）お腹がすきすぎて勉強できない。
5）あの～，飲み過ぎて歩けません。

答え

1）I'm too old to ignore that.
2）Because I'm too young to drink (alcohol).
3）I'm too weak to walk.
4）I'm too hungry to study.
5）Well, I'm too drunk to walk.

Lesson 2

次の日本語を瞬時に英語にして，声に出して言ってみましょう。繰り返し練習してください。

1）向こうへ行くのはもう遅すぎるのではないかと思う。
2）もちろんそんなことないよ。正しいことをするのに遅すぎることはないから。
3）あまりに恥ずかしくて彼には聞けない。
4）年を取っているのでそれを無視できない。
5）お酒を飲むには若すぎるからです。
6）弱すぎて歩くことができない。
7）お腹がすきすぎて勉強できない。
8）あの～，飲み過ぎて歩けません。

> 答え

1) I wonder if it's too late to go over there.
2) Of course it's not. It's never too late to do the right thing.
3) Maybe I'm too embarrassed to ask him.
4) I'm too old to ignore that.
5) Because I'm too young to drink (alcohol).
6) I'm too weak to walk.
7) I'm too hungry to study.
8) Well, I'm too drunk to walk.

キーセンテンスが登場する場面の近くから

#62　That's wrong.
　　　それは間違っています。

＊wrong　間違った，誤っている
　参考　mistaken　誤解した，誤った，間違った
　　　I think you are mistaken.
　　　あなたは誤解していると思います／あなた，間違っていますよ。

#73　I don't care if it spills or not!
　　　こぼれてもこぼれなくてもどうでもいいんです。

＊I don't care if〜．　〜かどうかは気にしない／〜でも構わない。
　例文　I don't care if you believe me or not.　『サイコ』
　　　君が私を信じようと信じまいとどうでもいい。

Key Sentence 6 (83)

It's no use.

そんなこと無駄よ。

ポイント

＊be no use～　～しても全く役に立たない

It is no use doing. ＝ It isn't any use doing.
　　　　　　　　＝ It is no use to do.
　　　　　　　　＝ There is no use (in) doing.

…してもむだである

例文　It [There] is no use crying over spilled [spilt] milk.
　　　《ことわざ》こぼれた牛乳を嘆いてもしかたがない。
　　　（覆水盆に返らず）。
　　　＊cry over～　～を嘆く　＊spill　こぼす

他の映画のセリフから

『Lethal Weapon 3（1992）　リーサル・ウェポン3』

Here's a policeman at every exit, so it's no use trying to run.

どの出口にも警察官がいるから，逃げようとしても無駄だよ。

＊exit　出口

『In Good Company（2004）　イン・グッド・カンパニー』

She says, "Wake up, it's no use pretending".

彼女は言う，「起きなさい。寝たふりしても無駄だ」って。

＊pretend～　～のふりをする

Lesson 1

It is no use doing〜. の doing に該当する英単語を入れて言ってみましょう。

1）隠れても無駄です。（隠れる　hide）
2）僕を止めようとしても無駄です。
3）これ以上取り繕っても無駄です。（取り繕う　pretend）
4）理解しようとつとめても無駄だ。（つとめる　try）

答え

1）It's no use hiding.
2）It's no use trying to stop me.
3）It's no use pretending anymore.
4）It's no use trying to understand it.

Lesson 2

次の日本語を瞬時に英語にして，声に出して言ってみましょう。繰り返し練習してください。

1）こぼれた牛乳を嘆いてもしかたがない（覆水盆に返らず）。
2）どの出口にも警察官がいるから，逃げようとしても無駄だよ。
3）彼女は言う，「起きなさい。寝たふりしても無駄だ」って。
4）隠れても無駄です。
5）僕を止めようとしても無駄です。
6）これ以上取り繕っても無駄です。
7）理解しようとつとめても無駄だ。

答え

1）It [There] is no use crying over spilled [spilt] milk.
2）Here's a policeman at every exit, so it's no use trying to run.
3）She says, "Wake up, it's no use pretending".
4）It's no use hiding.

5) It's no use trying to stop me.
6) It's no use pretending anymore.
7) It's no use trying to understand it.

Key Sentence 7 (93)

There she goes again.
Give her something, Doctor, please!

ほら，また始まりました。先生，何かさしあげて下さい！

場面の背景▶

急に泣き出すなど，神経症気味になった王女を見て，侍女がこう言います。

ポイント

＊There she goes again.
There someone goes (again).
《口語》[非難・軽蔑などを示して] ほら（また）いつものことが始まった／あれ，（また）あんな [そんな] ことをする [言う]。

他の映画のセリフから

『Brewster's Millions (1985) マイナー・ブラザーズ史上最大の賭け』

There she goes again, as usual.
彼女，また始まったわ，いつものように。
＊as usual　いつものように

『Lonely Hearts (2006) ロンリーハート』

A: See, there you go again.
　ほら，あなた，またよ。
B: There I go what? Hm?
　また俺が何だって？

7 (93) There she goes again. Give her something, Doctor, please!

Lesson 1

次の日本語を英語にして，**There she goes again.** の後に入れて言ってみましょう。

1）彼女に何か甘い物をあげて！
2）彼に強いお酒（ウィスキー）をあげて！
3）そんなこと，何度言っても無駄だ。

答え

1）Give her some sweets!
2）Give him some strong whiskey.
3）It's no use saying it again.

Lesson 2

次の日本語を瞬時に英語にして，声に出して言ってみましょう。繰り返し練習してください。

1）彼女，また始まったわ，いつものように。
2）ほら，あなた，またよ。
3）また俺が何だって？
4）彼女に何か甘い物をあげて！
5）彼に強いお酒（ウィスキー）をあげて！
6）何度言っても無駄だ。

答え

1）There she goes again, as usual.
2）See, there you go again.
3）There I go what? Hm?
4）Give her some sweets!
5）Give him some strong whiskey.
6）It's no use saying it again.

Key Sentence 8 (98)

I don't feel any different.

少しも何ともないわ。(何の違いも感じません。)

場面の背景▶

アン王女がヒステリーをおこしたので，侍従医を呼び精神安定の薬を注射してもらった時のアン王女のセリフ。

ポイント

＊any　副詞〔否定〕少しも
　例文　He is not any better.
　　　　彼は少しもよくなってはいない。
＊different　違っている，異なる，〔ほかとは〕別の
　例文　That's different.
　　　　それは話が別です。
＊feel＋形容詞　(感じとして…と) 思う，(自分が…と) 感じられる
　例　　feel some different　ちょっと違いを感じる
　　　　not feel any different　ちっとも違いを感じない

他の映画のセリフから

『Shrek 2 (2004)　シュレック2』
I don't feel any different. I look any different?
何も変化は感じないよ。見た目は何か違っているかい？

8 (98) I don't feel any different.

『Numb 3rs（2005） ナンバーズ〜天才数学者の事件ファイル』
I don't feel any different than when I was ... Twenty-one.
21歳の時と，少しも変わっているような感じはしない。

Lesson 1

次の語を英語にして **I don't feel〜.** に続けて言ってみましょう。
1）そうしなくてはというプレッシャーを感じない。
2）気分がよくありません。
3）味がありません。（味　taste）
4）具合が悪い。

答え

1）I don't feel pressured to do so.
2）I don't feel all right.
3）I don't feel any taste.
4）I don't feel good.

1500語でこんなに話せる！

① 感じるのではなくて考えろ。／感情に左右されずに賢明な判断をしろ。
　 Don't feel. Think.
② 気分はどう？／どう？
　 How do you feel?
③ 気分がいいんです。
　 I'm feeling good.
④ 僕はこれに満足してる。
　 I'm feeling good about this.
　　＊feel good about〜　〜に気分が良い，〜に満足している
⑤ 悪く思わないでください。

29

Don't feel bad.

⑥ 取り残された［後れを取った］と思わないでください。

Don't feel left out.

＊feel left out

仲間外れにされているように感じる，取り残されているように感じる

|参考| feel like doing 〜したい気がする

① 料理する気がしないのよね。

I don't feel like cooking.

② 今日は外食したくないなあ。

I don't feel like eating out today.

③ 食べる気がしない。

I don't feel like eating.

Lesson 2

次の日本語を瞬時に英語にして，声に出して言ってみましょう。繰り返し練習してください。

1) 彼は少しもよくなってはいない。
2) それは話が別です。
3) 何も変化は感じないよ。見た目は何か違っているかい？
4) 21歳の時と，少しも変わっているような感じはしない。
5) そうしなくてはというプレッシャーを感じない。
6) 気分がよくありません。
7) 味がありません。
8) 具合が悪い。
9) 感じるのではなくて考えろ。
10) 気分はどう？／どう？
11) 気分がいいんです。
12) 僕はこれに満足してる。
13) 悪く思わないでください。

14) 取り残されたと思わないでください。

答え

1) He is not any better.
2) That's different.
3) I don't feel any different. I look any different?
4) I don't feel any different than when I was … Twenty-one.
5) I don't feel pressured to do so.
6) I don't feel all right.
7) I don't feel any taste.
8) I don't feel good.
9) Don't feel. Think.
10) How do you feel?
11) I'm feeling good.
12) I'm feeling good about this.
13) Don't feel bad.
14) Don't feel left out.

Key Sentence 9 (123)

I gotta get up early.

早く起きなくちゃいけないんだ。

場面の背景▶

新聞記者ジョー，仲間とポーカーゲームを楽しんでいる。

ポイント

gotta, gonna, wanna などは口語英語表現で，話し言葉で使われる綴りです。最近は，Twitter やメールなどでもこの綴りを使う人が増えています。

＊gotta = got to = have to
　《略式，主に米》got to の短縮形。
　くだけた発音を示す綴りです。（P102　参照）
＊gonna = going to
　【語法】going to のくだけた発音を示す綴りです。
＊wanna = want to

他の映画のセリフから

『At First Sight（1999）アット・ファースト・サイト／あなたが見えなくても』

It's late and I gotta get up early.
もう遅いし，早く起きなくてはいけないから。

9 (123) I gotta get up early.

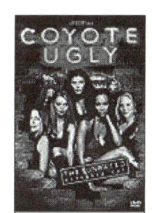

『Coyote Ugly（2000） コヨーテ・アグリー』
I gotta go, get up early.
もう行かなくては。朝早いから。

『Play It Again, Sam（1972） ボギー！ 俺も男だ』
I can't stay long. I've gotta get up early to play tennis with the guys.
長くは居られないんだ。明日テニスをするので，早く起きなくっちゃいけないから。

Lesson 1

次の語を英語にして **I gotta**〜に続けて言ってみましょう。

1）行かなくては。
2）日曜日までに，ニューヨークに到着しなくてはいけない。
3）この手紙を書き終えなくては頭が変になる。
　　＊or　さもなければ
　　＊頭が変になる　go nuts
4）新しい手袋が必要です。
5）シャワーを浴びなきゃ。
6）すみません，子どもたちを迎えに行かなければなりません。
7）あら，降ってきた！　窓を全部閉めないと！

答え

1）I got to get going. / I gotta go.
2）I gotta get to New York by Sunday.
3）I gotta finish this letter or I'll go nuts.
4）I gotta get new gloves.
5）I gotta take a shower.
6）Excuse me, I gotta get the kids.

7) Oh my goodness, it started raining! I gotta close all the windows!

Lesson 2

次の日本語を瞬時に英語にして，声に出して言ってみましょう。繰り返し練習してください。

1) もう遅いし，早く起きなくてはいけないから。
2) もう行かなくては。朝早いから。
3) 長くは居られないんだ。明日テニスをするので，早く起きなくちゃいけないから。
4) 行かなくては。
5) 日曜日までに，ニューヨークに到着しなくてはいけない。
6) この手紙を書き終えなくては頭が変になる。
7) 新しい手袋が必要です。
8) シャワーを浴びなきゃ。
9) すみません，子どもたちを迎えに行かなければなりません。
10) あら，降ってきた！ 窓を全部閉めないと！

答え

1) It's late and I gotta get up early.
2) I gotta go, get up early.
3) I can't stay long. I've gotta get up early to play tennis with the guys.
4) I got to get going.
5) I got to get to New York by Sunday.
6) I gotta finish this letter or I'll go nuts.
7) I gotta get new gloves.
8) I gotta take a shower.
9) Excuse me, I gotta get the kids.
10) Oh my goodness, it started raining! I gotta close all the windows!

> **Key Sentence 10 (124)**
> What do you mean early?
> My personal invitation says 11:45.
> 早いとはどういうことだい？
> 僕の招待状には11時45分と書いてあるよ。

ポイント

* What do you mean (by that)?
  それは（具体的に言うと）どういうこと［意味］ですか？
  他に，What do you mean, "～"? の使い方もできます。
  以下の「他の映画のセリフから」に例文がありますので，確認しておきましょう。
* personal 【形】〔特定の〕個人に向けた［対する］
* invitation 招待状
  例文　We sent out invitations to the party.
  　　　我々はパーティーへの招待状を出した。(ルミナス英和辞典より)
* say 〔印刷物に〕～と書いてある，〔計測器などが〕～を示す
  例文　My watch says 7:15. Is that right?
  　　　私の時計は7時15分だけどあってる？

他の映画のセリフから

『Memento（2000）メメント』

What do you mean, "bad news"? ―She's involved with drugs.
「悪いニュース」ってどういうことだい？――彼女はドラッグに関わっているんだ。

* be involved with～
  ～に関わっている，～と関連を持っている

『Star Wars : Episode Ⅴ―The Empire Strikes Back（1980） スター・ウォーズ エピソード５／帝国の逆襲』

What do you mean, "nobody knows"?
「誰も知らない」ってどういう意味？

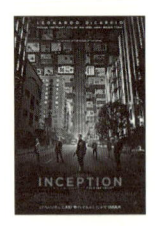

『Inception（2010）インセプション』

It won't wake him up. ―What do you mean, it won't wake him up?
そんな事をしても彼は起きないよ。――彼は起きないってどういう意味だい？

＊wake someone up　（人）を起こす

Lesson 1

What do you mean〜? を使って以下の日本語を英語で言いましょう。

1）あなたが行くってどういうこと？
2）それはよくないってどういう意味？
　　＊よくない　no good
3）どういう意味,「念のため」って？
4）私のことが嫌いだなんて,どういうこと？
5）どういう意味？　例えば？
6）どういうこと？　彼と婚約してるんでしょ。
7）もう一回言えだって？　どういう意味？

▌答え

1）What do you mean, you go?
2）What do you mean, no good?
3）What do you mean, "just in case?"
4）What do you mean, you don't like me?
5）What do you mean? For example?
6）What do you mean? You're engaged to him.

36

7) Say that again? What do you mean?

Lesson 2

次の日本語を瞬時に英語にして，声に出して言ってみましょう。繰り返し練習してください。

1) 我々はパーティーへの招待状を出した。
2) 私の時計では7時15分だけど，あってる？
3)「悪いニュース」ってどういうことだい？
4) 彼女はドラッグに関わっているんだ。
5)「誰も知らない」ってどういう意味？
6) そんな事をしても彼は起きないってどういう意味だい？
7) あなたが行くってどういうこと？
8) それはよくないってどういう意味？
9) どういう意味,「念のため」って？
10) 私のことが嫌いだなんて，どういうこと？
11) どういう意味？ 例えば？
12) どういうこと？ 彼と婚約してるんでしょ。
13) もう一度言ってよって？ どういう意味？

答え

1) We sent out invitations to the party.
2) My watch says 7:15. Is that right?
3) What do you mean, "bad news"?
4) She's involved with drugs.
5) What do you mean, "nobody knows"?
6) What do you mean, it won't wake him up?
7) What do you mean you're going?
8) What do you mean it's no good?
9) What do you mean, "just in case?"
10) What do you mean, you don't like me?

11) What do you mean? For example?
12) What do you mean? You're engaged to him.
13) Say that again? What do you mean?

Key Sentence 11 (127) See you at Annie's little party in the morning.

明朝アンのパーティーで会おう。

場面の背景▶

ポーカーで，すっかりすってしまったジョー。朝にパーティーで会おうと言って帰っていく。

ポイント

＊See you at～．　～で会う
- 例文　① I'll see you at the office.
  事務所で会いましょう。
- ② See you at nine then.
  じゃあ，9時にね。

＊see～　～に会う
- 例文　① Can I see you again?
  また会ってもらえますか？
- ② I have to see my teacher about my grades.
  成績のことで先生に会わなくてはいけない。

  ＊grade　成績の評点，評価
  ＊have to do　～しなければならない
  - 例文　#725　You don't have to look so worried.
    そんなに心配した顔をしなくてもいいじゃないですか。
  - #727　You don't have to be too grateful.
    あんまり嬉しそうにしないで下さい。

> 参考　別れるときの挨拶。
> ① See you later, bye!
>   じゃあな！
> ② See you next Monday!
>   来週の月曜日に！

他の映画のセリフから

『American Pie（1999） アメリカン・パイ』
See you at dinner. ―Yeah. I'll see you at dinner.
ディナーで会おう。――うん，ディナーでね。

『Harry Potter and the Chamber of Secrets（2002） ハリー・ポッターと秘密の部屋』
See you at school.
学校でね。

Lesson 1

see you at〜を使って，以下の日本語を英語で言いましょう。

1）家で会おうね。
2）待ち合わせ場所で会おうね。
　＊待ち合わせの場所　rendezvous
3）職員通用口を使うね。9時に会いましょう。
　＊〔職員・配達員などが出入りに用いる〕通用口　service entrance
4）ネイトの店で会おうね。
　＊ネイトの店　Nate's

11 (127) See you at Annie's little party in the morning.

答え

1) I'll see you at home.
2) See you at the rendezvous.
3) I'll use the service entrance. I'll see you at 9:00.
4) See you at Nate's.

Lesson 2

次の日本語を瞬時に英語にして,声に出して言ってみましょう。繰り返し練習してください。

1) また会ってもらえますか？
2) 成績のことで先生に会わなくてはいけない。
3) 事務所で会いましょう。
4) じゃあ，9時にね。
5) じゃあな！
6) 来週の月曜日に！
7) ディナーで会おう。——うん，ディナーでね。
8) 学校でね。
9) 家で会おうね。
10) 待ち合わせ場所で会おうね。
11) 職員通用口を使うね。9時に会いましょう。
12) ネイトの店で会おうね。

答え

1) Can I see you again?
2) I have to see my teacher about my grades.
3) I'll see you at the office.
4) See you at nine then.
5) See you later, bye!
6) See you next Monday!
7) See you at dinner. —Yeah. I'll see you at dinner.

8) See you at school.
9) I'll see you at home.
10) See you at the rendezvous.
11) I'll use the service entrance. I'll see you at 9:00.
12) See you at Nate's.

Key Sentence 12 (142)

You know, people who can't handle liquor, shouldn't drink it.

いいかい，酒に飲まれる人は飲むべきじゃないんだよ。

場面の背景▶

歩いて自宅に帰る新聞記者のジョー。若い女の子が酔っ払って道ばたで寝ているのに気づく。

ポイント

* can't handle one's liquor　酒に弱い

  【参考】　handle〜　〜を問題なく摂取する

  ※食品などについて，体質的な（または好みの上での）問題の有無を表します。

  ※【用法】can を伴うことが多い。

  【例文】
  ① I can handle spicy food.
     私は辛いものでも平気です。
  ② I can't handle alcohol.
     私はアルコールに弱いんです。

🎬 他の映画のセリフから

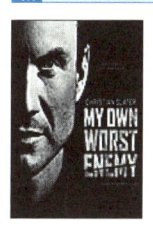

「My Own Worst Enemy（2008）」

（クリスチャン・スレーター主演のテレビドラマ）

Good to know I can handle my liquor.

酒が飲めると分かってよかった。

Really? That's good to know.

本当？　それはよかったな。

〈その他，覚えたい handle の使い方〉

handle　〜を処理する／〜に対処する

例文　Leave it to me. I can handle it.
　　　まかせといて。私が処理するから。

＊自動車や自転車の「ハンドル」は和製英語です。標準英語では steering wheel，ドアのハンドルは a door handle です。

Lesson 1

I can handle〜に続けて以下の日本語を英語で言いましょう。

1) 私は危機的状況に対処できます。
　　＊危機　crisis
2) 私は苦情を処理できます。
　　＊苦情　complaint

答え

1) I can handle a crisis.
2) I can handle a complaint.

1500語でこんなに話せる！

① 取り扱いには注意してください。
　　Please handle it with care.
② 上手に扱って下さい。
　　Please handle it well.
③ これは熱くて触れません。
　　This is too hot to handle.

12 (142) You know, people who can't handle liquor, shouldn't drink it.

Lesson 2

次の日本語を瞬時に英語にして，声に出して言ってみましょう。繰り返し練習してください。

1）私は辛いものでも平気です。
2）私はアルコールが駄目です。
3）酒が飲めると分かってよかった。
4）任せといて。私が処理するから。
5）取り扱いには注意してください。
6）上手に扱って下さい。
7）これは熱くて触れません。

答え

1）I can handle spicy food.
2）I can't handle alcohol.
3）Good to know I can handle my liquor.
4）Leave it to me. I can handle it.
5）Please handle it with care.
6）Please handle it well.
7）This is too hot to handle.

Key Sentence 13 (143)	Do you know that poem?
	その詩，ご存知なのですか？

場面の背景▶

突然，詩の朗読を始めるアン王女。

ポイント

※「〜を知ってる」というと "know〜" を頭に浮かべますが，以下の例文のように「〜を熟知している」という意味もありますので，使い方には注意が必要です。

例文
① Do you know Mr. Smith?
あなたはスミスさんをご存じですか？
（スミスさんとお知り合いですか？）
② I don't know him well.
彼のことはよくは知りません。
③ I know him by name.
彼のこと，名前だけは知っています。
＊know〜by name　名前だけは知っている
　この表現は，例えば，「日本の首相をご存じですか？」と聞かれ，新聞テレビでのみ知っているときや，名前だけ知ってるときに使います。

1500語でこんなに話せる！

① そうなることはわかっていたんだ！
　I knew it!
② ［遠回しの不賛成を示して］さあ，それはどうかな。

I don't know about that.
③ うん，いい考えがある。《★提案などをしようとする時の表現》
I know what.
④ それは驚いた！
(Well,) what do you know!
《Key Sentence14参照》
⑤ 先のことはわからない。さあどうだか／ひょっとしたらね。
You never know.
⑥ どうして分かるんだ？
How do you know?

他の映画のセリフから

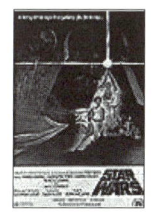

『Star Wars（1977） スター・ウォーズ』
Do you know him? ─Well of course, of course I know him.
彼のこと，知っていますか？──ええ，もちろんです。彼のことはよく知っています。

『The Matrix（1999） マトリックス』
Do you know what's going on?
何が起こっているのか，君は，わかっているのか？
Do you know what I'm talking about?
私が話していることがわかるか？
Do you know what it is?
それが何かわかるか？

Lesson 1

次の語を英語にして **Do you know～?** に続けて言ってみましょう。
1）そのことについて何か
2）どのくらいスピードを出していたか

【場面】警官がスピード違反の疑いのある運転手に対して。
3）これがどんなに重要か
4）これ，いくらだったか
5）クッキーの焼き方

答え

1）Do you know anything about that?
2）Do you know how fast you were going?
3）Do you know how important this is?
4）Do you know how much this was?
5）Do you know how to bake cookies?

Lesson 2

次の日本語を瞬時に英語にして，声に出して言ってみましょう。繰り返し練習してください。

1）彼のことはよくは知りません。
2）彼のこと，名前だけは知っています。
3）そうなることはわかっていたんだ。
4）さあ，それはどうかな。
5）うん，いい考えがある。《★提案などをしようとする時の表現》。
6）（それは）驚いた！
7）先のことはわからない／さあどうだか／ひょっとしたらね。
8）どうしてわかるんだ？
9）君は，何が起こっているのかわかっているのか？
10）私が話していることがわかるか？
11）それが何かわかるか？
12）これがどんなに重要か，わかっているの？

答え

1）I don't know him well.
2）I know him by name.

13 (143) Do you know that poem?

3) I knew it!
4) I don't know about that.
5) I know what.
6) (Well,) what do you know!
7) You never know.
8) How do you know?
9) Do you know what's going on?
10) Do you know what I'm talking about?
11) Do you know what it is?
12) Do you know how important this is?

> **Key Sentence 14 (144)**
>
> Huh! What do you know!
>
> へ～，驚いたなぁ！

場面の背景▶
単なる酔っ払いの若い娘が詩の朗読を始めたので驚くジョー。

ポイント

※Huh! What do you know! / (Well,) what do you know (about that)!
それ［これ］は知らなかった，（それは）驚いた！，まさか！
　What do you know! の前に，"Well," や "Huh!" などの驚きの言葉が入ります。文字通りの「何を知っているのか？」の意味でも使われますので，文脈に注意しましょう。

Key Sentence 15 (144)

Would you care to make a statement?

何か声明を出したいですか？

ポイント

＊Would you care to do〜？　〜なさりたいですか？
＊care to〜
　［しばしば疑問文・否定文で］《格式》〈〜すること〉を望む，〜したがる
　※辞書には《格式》とありますが，丁寧な表現です。
＊make a statement　ステートメントを発表する，声明を出す

他の映画のセリフから

『Airplane!（1980）　フライングハイ』

A: Take this flower from the Religious Consciousness Church. Would you care to make a donation?
　"Religious Consciousness Church" からのこの花を受け取ってください。寄付をなさいませんか？
B: No, but thank you anyway.
　いえ，結構です。でもとにかくありがとうございます。
　＊make a donation　寄付する
　＊Thank you, anyway.　何はともあれ，ありがとう。

『Airplane!（1980） フライングハイ』

A: Would you care to order your dinners?
　何を注文されますか？
B: I would like the steak, please.
　私はステーキをお願いします。
C: I'll have the fish.
　魚をお願いします。
　＊dinner 一日の中心的な食事，ディナー《昼食または夕食》

『Back to the Future Part III（1990） バック・トウ・ザ・フューチャー　Part 3』

Would you care to … ―I'd love to.
いかがですか？ ―― 喜んで。
＊I'd love to.　ぜひそうしたいです。／喜んで。
　※誘われたときなど

Lesson 1

次の語を英語にして Would you care to do～? に続けて言ってみましょう。
1) 一緒に行きませんか？
2) メニューを御覧になりますか？
3) ワインリストをご覧になりますか？

答え

1) Would you care to join me?
2) Would you care to look at the menu?
3) Would you care to see the wine list?
　＊wine list （レストランなどの）ワインの一覧表
　　→ビールなどお酒のリストではありません。

1500語でこんなに話せる！

＊Would you care for～?　～はいかがですか？

※for の後ろには名詞相当句が入ります。

例文　① Would you care for something to drink?
　　　　何かお飲み物はいかがですか？
　　　② Would you care for tea or coffee or something else to drink?
　　　　紅茶かコーヒーか，それとも何か他の飲み物はいかがですか？

🎬 他の映画のセリフから

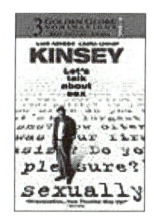

『Kinsey（2004）　愛についてのキンゼイ・レポート』
Would you care for a drink, Mac?
マック，一杯いかがですか？
Why, a glass of water would be very nice.
グラス1杯の水を頂けると嬉しいです。
＊～would be nice.　～が頂けると嬉しいです。

Lesson 2

次の日本語を瞬時に英語にして，声に出して言ってみましょう。繰り返し練習してください。

1）寄付をなさいますか？
2）ディナーの注文をなさいますか？
3）喜んで。
4）一緒に行きませんか？
5）メニューを御覧になりますか？
6）ワインリストをご覧になりますか？
7）何かお飲み物はいかがですか？
8）紅茶かコーヒーはいかがですか？　それとも何か他の飲み物を？
9）タバコはいかがですか？

答え

1）Would you care to make a donation?

2）Would you care to order your dinners?
3）I'd love to.
4）Would you care to join me?
5）Would you care to look at the menu?
6）Would you care to see the wine list?
7）Would you care for something to drink?
8）Would you care for tea or coffee or something else to drink?
9）Would you care for a cigarette? 『ローマの休日』#682

コーヒーブレイク3

＊TV dinner　テレビ食
《電子レンジで温めるだけですぐ食卓に出せる冷凍インスタント食品》
「ソファに向かってテレビを見ながら食べることが出来る」のでTV dinnerと言われています。frozen dinner, frozen meal, microwave mealともいわれ，日本でいう"ワンプレートご飯"です。

Key Sentence 16 (146)

(I) couldn't agree with you more.

まったくの同感です。

ポイント

I couldn't agree with you more.
大賛成です／全く同感です。⇔これ以上賛成できないほど賛成している。
（相手の考え・意見などに対して）
＊agree　同感である＝say yes →反意語は disagree

1500語でこんなに話せる！

① ママ，行っていい？　お願い，いいって言って！
　　Can I go, Mum? Oh, please say yes!
② こんなの退屈。賛成！
　　This is boring. I agree!
　　『ミッドナイト・イン・パリ』

他の映画のセリフから

『ミッドナイト・イン・パリ』

Gabrielle: Actually, Paris is the most beautiful in the rain.
　　　　　実は，雨のパリは一番美しいんですよ。
　　　　　＊actually　実は

Gil: I feel that's what I'm always saying.
　　それは僕がいつも言っているような気がします。
　　I couldn't agree more with you. Yes, it is more beautiful.

全くの同感です。ホントに，雨のパリはより美しいですね。

※more を agree と with の間に入れても OK です。

『Killers（2010） キス＆キル』

Jen shouldn't be coming home to a dark house. It's not safe.

ジェンは暗い家に戻らないほうがいい。安全じゃないから。

I couldn't agree with you more, sir.

全く同感です。

Lesson 1

次の語を英語にして，I couldn't agree with you more. と続けて言いましょう。

1) 時々，東京にいると孤独を感じるよ。
　　＊孤独を感じる→よそ者のように感じる　feel like a stranger
2) 太陽が毎日昇るのは奇跡だ。
3) 最近の若者はとても礼儀知らず（rude）だ。

答え

1) Sometimes I feel like a stranger in Tokyo. I couldn't agree with you more.
2) The sun comin' up every day is a miracle. I couldn't agree with you more.
　　＊comin' = coming
3) Young people are so rude these days. I couldn't agree with you more.
　　cf) Right you are! = That's right!　その通り！

Lesson 2

次の日本語を瞬時に英語にして、声に出して言ってみましょう。繰り返し練習してください。

1）ママ，行っていい？　お願い，いいって言って！
2）まったく同感です。
3）時々，東京にいると孤独を感じるよ。
4）太陽が毎日昇るのは奇跡だ。
5）最近の若者はとても礼儀知らずだ。

答え

1）Can I go, Mum? Oh, please say yes!
2）I couldn't agree more with you.
3）Sometimes I feel like a stranger in Tokyo.
4）The sun comin' up every day is a miracle.
5）Young people are so rude these days.

Key Sentence 17 (147)

Get yourself some coffee.

コーヒーでも飲みなさい。

ポイント

＊Get yourself some coffee.
コーヒーでも飲みなさい（コーヒーでもいれなさい）。
＊get＋人＋物　人に物を手に入れてやる，人に物を買ってやる

キーセンテンスが登場する場面の近くから

#147　**You'll be all right. / You'll be OK.**
　　　大丈夫ですよ。

cf) You're going to be all right. / You're going to be OK.
　　Everything's going to be all right. / Everything's going to be OK.
　　すべて，うまくいきますよ。

#148　**Look, you take the cab.**
　　　ほら，そのタクシーに乗りなさい。

＊take〜　〔乗り物に〕乗る，〔乗り物を〕利用する

(例文)　I have to take a train for New York at midnight.
　　　真夜中にニューヨークまで電車に乗って行かなければならない。

他の映画のセリフから

『The Departed（2006） デイパーテッド』

Let me get you a coffee.

あなたにコーヒーを入れてあげますね。

- 参考　make＋人＋物＝make＋物 for 人
  人に物を作ってやる
- 例文　Go make yourself a cup of tea.
  （自分のため）紅茶を入れてきなさい。
  『あなたは私の婿になる』

Lesson 2

次の日本語を瞬時に英語にして，声に出して言ってみましょう。繰り返し練習してください。

1) あなたがそのタクシーに乗りなさい。
2) 真夜中にニューヨークまで電車に乗って行かなければならない。
3) コーヒーでも飲みなさい（コーヒーでもいれなさい）。
4) あなたにコーヒーを入れてあげますね。
5) 紅茶を入れてきなさい。
6) 大丈夫ですよ。
7) すべて，うまくいきますよ。

答え

1) You take the cab [taxi].
2) I have to take a train for New York at midnight.
3) Get yourself some coffee.
4) Let me get you a coffee.
5) Go make yourself a cup of tea.
6) You're going to be all right. / You're going to be OK.
7) Everything's going to be all right. / Everything's going to be OK.

Key Sentence 18 (152)

You got any money?

お金持っているの？

ポイント

＊(Have) You got any money?

アメリカ英語ではこのように "have got" も "has got" も "got" と略されることがあります。got＝have で，have [has] got は have（持っている）になります。

例文　① Got any ideas?

　　　　　何か考えはありますか？　『アナライズ・ミー』

　　　② I('ve) got a problem.

　　　　　トラブっちゃった。／困ったことになった。

1500語でこんなに話せる！

① ちょっといい？／ちょっと時間ある？

You got a minute?

② その通り！

You got it!

＊You got it.＝(1)　その通り。／図星です。

　　　　　　　(2)　はい承りました

　　　　　　　(3)　すぐに作ります［お持ちします］。

　　　　　　　　　※飲食物などについて「注文を了解した」という形式張らない表現。

　　　　　　　(4)　（私の言うことが）分かった？　You got me?

他の映画のセリフから

『All the Pretty Horses（2000） すべての美しい馬』

You got any grub? ―No.

何か食べ物ある？ ――ないよ。

＊grub 〈話〉食べ物，食事

You got any money? ―No.

お金ある？ ――ないよ。

『Kiss of the Dragon（2001） キス・オブ・ザ・ドラゴン』

Are we going to drink something?

何か飲むの？

Have you got any money?

あなた，お金持ってる？

―Yes, I'll buy you. Where are we going?

――ああ，おごってあげるよ。どこに行く？

＊buy（人）+（物） （人）に（物）をおごる

『Reality Bites（1994） リアリティ・バイツ』

So, Troy, if you got any money―

それで，トロイ君，もし少しお金があれば……，

Money? Oh, but what's money to an artist?

――金だって？　芸術家にとって金って何になるんだ？

Lesson 1

次の語を英語にして **You got any~?** に続けて言ってみましょう。

1）小銭　2）将来の計画　3）お暇，時間　4）今日のランチのプラン

5）家族　6）人生についての質問

答え

1）You got any change?

2）Have you got any plan for the future?

3）Have you got any time?

4）You got any plans for lunch today?
5）Got any family?
6）You got any questions about life?

Lesson 2

次の日本語を瞬時に英語にして，声に出して言ってみましょう。繰り返し練習してください。

1）何か考えはありますか？
2）困ったことになった。
3）ちょっといい？／ちょっと時間ある？
4）その通り！
5）（私の言うことが）分かった？
6）何か飲むの？
7）あなた，お金持ってる？
8）おごってあげるよ。
9）私たち，どこに行く？

▸ 答え
1）Got any ideas?
2）I('ve) got a problem.
3）You got a minute?
4）You got it!
5）You got me?
6）Are we going to drink something?
7）Have you got any money?
8）I'll buy you.
9）Where are we going?

Key Sentence 19 (153)

Never carry money.

お金を持ち歩いたことは一度もありません。

ポイント

＊carry （身につけて）〈…〉を持ち運ぶ，持ち歩く；携帯する；

[例文] I don't carry a handbag. I just carry money in my pocket.
ハンドバッグは携帯しません。お金はポケットに入れて持ち歩きます。

　　＊carry を使った表現は，冒頭の場面でもありました。

#64　You will wear your white lace and carry a bouquet of very small pink roses.
白いレースの服を着て，とても小さいピンクのバラのブーケを持って頂きます。

　　※この例のように，You will～. の形で"依頼，指図"などの意味を表す場合があります。

他の映画のセリフから

『Stella Street（2004）』
Cash or card, sir?
現金ですか，カードでお支払いですか？
I never carry money.
金は持ち歩かない。
Like your queen.
ああ，女王様のようにね。
＊like　～のように

Lesson 1

Never carry money. と言われた時の以下の返答を英語で言ってみましょう。
1) 私もそうよ。　2) 君はいつもそう言うね。　3) 君はいつもそうだね。
4) カードで払いなさいよ！

答え

1) Me, neither.
2) You always say so.
3) That's what you do. / You always do.
4) Use your card!

Lesson 2

次の日本語を瞬時に英語にして，声に出して言ってみましょう。繰り返し練習してください。
1) ハンドバッグは持ち歩きません。お金はポケットに入れて持ち歩きます。
2) 白いレースの服を着て，とても小さいピンクのバラのブーケを持って頂きます。
3) 現金ですか，カードでお支払いですか？
4) お金は持ち歩きません。
5) 女王様のように。

答え

1) I don't carry a handbag. I just carry money in my pocket.
2) You will wear your white lace and carry a bouquet of very small pink roses.
3) Cash or card, sir?
4) I never carry money.
5) Like your queen.

Key Sentence 20 (154)

All right, I'll drop you off—come on.

はいはい，わかりました。あなたを途中まで送ってあげますよ——さあ早く。

ポイント

＊drop～off　～を〔乗り物から〕降ろす，下車させる

例文　① I'll drop you off on my way home.
　　　　　家に帰る途中で降ろしてあげるね。
　　　② Thanks for dropping me off.
　　　　　送ってくれてありがとう。

＊反意語 pick～up　（車などで）～を拾う／迎えに行く，途中で乗せる

例文　Mommy, can you pick me up?
　　　　ママ，迎えに来てくれる？

＊Come on.
　　　① さあさあ。◆催促するとき
　　　② またあ。／嫌だなあ。／やめてくれよ。
　　　③ 冗談言うな

キーセンテンスが登場する場面の近くから

#154　That's a bad habit.
　　　　それは悪い習慣だね。

＊out of habit　癖で，習慣で　◆【同】by habit

例文　I did it out of habit.
　　　　それを癖でしてしまった。

🎬 他の映画のセリフから

『Billy Elliot（2000）　ビリー・エリオット』
Come on, Billy. I'll drop you off at the corner.
早く来いよ，ビリー。角で降ろしてあげるから。

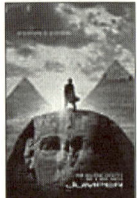

『Jumper（2008）　ジャンパー』
 I'll drop you off the top of Mount Everest, okay?
エベレストの頂上から降ろしてあげるから，いいね？

Lesson 1

次の語を英語にして **I'll drop you off～.** に続けて言ってみましょう。
1）あの辺りで降ろしてあげるね。　　2）仕事に行く途中で降ろしてあげるね。
3）ここで降ろしてあげるね。
4）学校に行く途中で，空港で降ろしてあげるね。

答え

1）I'll drop you off around there.
2）I'll drop you off on my way to work.
3）I'll drop you off here.
4）I'll drop you off at the airport on the way to school.

参考　『The Devil Wears Prada（2006）　プラダを着た悪魔』
　　　I want the driver to drop me off at 9:30 and pick me up at 9:45 sharp.
　　　運転手に9時半に送ってもらい，9時45分キッカリに迎えに来て欲しい。

Lesson 2

次の日本語を瞬時に英語にして，声に出して言ってみましょう。繰り返し練習してください。

1）家に帰る途中で降ろしてあげるね。
2）送ってくれてありがとう。
3）迎えに来てくれる？
4）早く来いよ，ビリー。角で降ろしてあげるから。
5）あの辺りで降ろしてあげるよ。
6）仕事に行く途中で降ろしてあげるから。
7）ここで降ろしてあげるよ。
8）学校に行く途中で，空港で降ろしてあげるね。
9）それを癖でしてしまった。
10）それは悪い習慣だね。

答え

1）I'll drop you off on my way home.
2）Thanks for dropping me off.
3）Can you pick me up?
4）Come on, Billy. I'll drop you off at the corner.
5）I'll drop you off around there.
6）I'll drop you off on my way to work.
7）I'll drop you off here.
8）I'll drop you off at the airport on the way to school.
9）I did it out of habit.
10）That's a bad habit.

Key Sentence 21 (161)

You're so smart. I'm not drunk at all.

あなたってとても頭がいいですね。私は全く酔っ払っていません。

ポイント

* ＊be drunk　酔っ（ぱらっ）ている
* ＊be smart　明敏な，頭の切れる（とくにアメリカ英語）
  同意語　intelligent
  ※日本語の「痩せた人」をさす「スマートな人」は和製英語です。
* ＊at all　［否定・疑問・条件］少しも

キーセンテンスが登場する場面の近くから

#160　Now, come on, you're not that drunk.
　　　さあ，しっかりしてくれ。君はそれほど酔ってないだろ。

＊that　そんなに，それほど（通例，否定文で使う）

🎬 他の映画のセリフから

『Superbad（2007）　スーパーバッド 童貞ウォーズ』

A: You're drunk, Jules.
　ジュールズ，酔っ払ってるでしょ。
B: Yeah, I'm actually—I'm not drunk at all. I don't even drink.
　あの，実は……全く酔ってないんだ。僕，本当にお酒飲まないし。

＊even　（それどころか）いや全く，本当に

21 (161) You're so smart. I'm not drunk at all.

『Breakfast at Tiffany's (1961) ティファニーで朝食を』

A: Buy me one, Fred, darling?
　一杯，おごって，フレッド。
B: Sure.
　もちろんだよ。
A: Only promise not to take me home until I'm drunk.
　はっきり約束して，お酒に酔うまで，私を家に連れて帰らないって。
　＊promise 人 to～　～するよう（人）に約束する

Lesson 1

次の語を英語にして，I'm not drunk at all. と続けて言いましょう。

1) もっと飲ませて。私，ぜんぜん酔ってなんかないわ。
2) お店のおごりで飲ませて。私，ぜんぜん酔ってないから。
　＊店のおごりで　on the house
3) ここで歌わせて。私，ぜんぜん酔ってないわよ。

答え

1) Let me drink more. I'm not drunk at all.
2) Let me drink on the house. I'm not drunk at all.
3) Let me sing here. I'm not drunk at all.

Lesson 2

次の日本語を瞬時に英語にして，声に出して言ってみましょう。繰り返し練習してください。

1) あなた，酔っ払ってるでしょ。
2) 全く酔ってないんだ。
3) 僕は飲まない。

4）一杯，おごって，

5）もちろんだよ。

6）お酒に酔うまで，私を家に連れて帰らないって約束して。

答え

1）You're drunk.

2）I'm not drunk at all.

3）I don't drink.

4）Buy me one.

5）Sure.

6）Promise not to take me home until I'm drunk.

Key Sentence 22 (203)

Is this the elevator? It's my room!

ここはエレベーターですか？　僕の部屋だよ！

ポイント

＊疑問文への返答の仕方

Is this～? への答え方は，学校で Yes, it is. や No, it isn't. と習いましたが，Joe のように Yes. や No. で答えないこともあります。
自然な返答の仕方を覚えておきましょう。

① ええ，そう思います。　Yeah, I think so.
② 絶対にそうだよ。　Definitely. / Absolutely.
③ さあ，どうでしょう。（わかりません。）　I don't know.
④ 絶対に違います。　Definitely not. / Absolutely not.

キーセンテンスが登場する場面の近くから

#205　I'm terribly sorry to mention it, but the dizziness is getting worse. Can I sleep here?
こんなこと言って申し訳ありませんが，めまいがひどくなってきました。ここで寝ていいですか？

＊謝罪の仕方（→は，謝る程度の強さを表しています。）

（弱）→（強）

Sorry. → I'm sorry. →

I'm very sorry. / I'm really sorry. / I'm so sorry. / I'm awfully sorry. / I'm terribly sorry.

＊dizziness　めまい

＊be getting worse　よりひどくなってくる
　　⇔be getting better　よりよくなってきている
＊bad と good の比較級－最上級
　　bad－worse－worst
　　good－better－best

#206　That's the general idea.
　　　それしかない／そうこなくっちゃ。（決まり文句）

Lesson 1 ①

次の語を英語にして，The〜is getting worse.の〜の部分に入れて言ってみましょう。

1 ）花粉症がひどくなってきました。
2 ）痛みがひどくなってきました。
3 ）腹痛がひどくなってきました。
4 ）頭痛がひどくなってきました。

答え

1 ）The hay fever is getting worse.
2 ）The pain is getting worse.
3 ）The stomachache is getting worse.
4 ）The headache is getting worse.

他の映画のセリフから

『Lost in Translation（2003）　ロスト・イン・トランスレーション』
A: Hey. How you doin'?
　　やぁ。元気？
B: Good. How are you?
　　ええ，元気です。あなたはどう？

A: My Japanese is getting better. We started speaking English.
僕の日本語，うまくなっているよ。僕達，英語で話し始めてしまったけれど。

Lesson 1 ②

次の語を英語にして，I think ＿＿＿ ＿＿＿ getting better / worse. の下線に入れて言ってみましょう。

1）私の容貌はだんだんよくなってきていると思います。
2）視力はより悪くなってきていると思います。
3）私の英語はだんだんと良くなってきていると思います。

答え

1）I think my looks are getting better.
2）I think my eyes are getting worse.
3）I think my English is getting better.

Lesson 1 ③

次の語を英語にして，**Can I sleep〜?** に続けて言ってみましょう。

1）あなたのベッドで寝てもいいですか？
2）外で寝てもいいですか？
3）ソファで寝てもいいですか？
4）畳の上の布団で寝てもいいですか？
5）あなたと寝てもいいですか？

答え

1）Can I sleep in your bed?
2）Can I sleep outside?
3）Can I sleep on a sofa?
4）Can I sleep in futon on tatami?

5）Can I sleep with you?

Lesson 2

次の日本語を瞬時に英語にして，声に出して言ってみましょう。繰り返し練習してください。

1）ここはエレベーターですか？　──僕の部屋だよ！
2）こんなこと言って申し訳ありませんが，めまいがひどくなってきました。ここで寝ていいですか？
3）ええ，そう思います。
4）絶対にそうだよ。
5）さあ，どうでしょう。（わかりません。）
6）絶対に違います。
7）花粉症がひどくなってきました。
8）痛みがひどくなってきました。
9）胃痛がひどくなってきました。
10）頭痛がひどくなってきました。
11）それしかない。
12）やぁ。元気？
13）ええ，元気です。あなたはどう？
14）僕の日本語，うまくなってきました。
15）僕達，英語で話し始めてしまいましたね。
16）私の容貌はだんだんよくなってきていると思います。
17）私の視力はより悪くなってきていると思います。
18）私の英語はだんだんと良くなってきていると思います。
19）あなたのベッドで寝て良いですか？
20）外で寝てもいいですか？
21）ソファで寝ても良いですか？
22）畳の上の布団で寝ても良いですか？
23）あなたと寝てもいいですか？

22 (203) Is this the elevator? It's my room!

> 答え

1） Is this the elevator? It's my room!
2） I'm terribly sorry to mention it, but the dizziness is getting worse. Can I sleep here?
3） Yeah, I think so.
4） Definitely. / Absolutely.
5） I don't know.
6） Definitely not. / Absolutely not.
7） The hay fever is getting worse.
8） The pain is getting worse.
9） The stomachache is getting worse.
10） The headache is getting worse.
11） That's the general idea.
12） Hey. How you doin'?
13） Good. How are you?
14） My Japanese is getting better.
15） We started speaking English.
16） I think my looks are getting better.
17） I think my eyes are getting worse.
18） I think my English is getting better.
19） Can I sleep in your bed?
20） Can I sleep outside?
21） Can I sleep on a sofa?
22） Can I sleep in futon on tatami?
23） Can I sleep with you?

Key Sentence 23 (210)

Sorry, honey,
but I haven't worn a nightgown in years.

悪いけど，長い間ナイトガウンは着てないんだ。

場面の背景▶
ナイトガウンを着るという王女にジョーはパジャマを差し出し…。

ポイント

haven't [hasn't] + 過去分詞　in [for] 期間を表す言葉
※完了形の否定は for よりも in を使うのが一般的です。

- 例　I haven't seen him in [for] weeks.
  彼には何週間も会っていません。

※現在完了形 = have [has] + 過去分詞
〈現在完了形の主な意味〉
① 経験
- 例　I have never been to a jazz club before.
  ジャズ・クラブには今まで一度も行ったことがありません。
② 現在までの状態の継続
- 例　I think he's been in the bar, maybe.
  彼はずっとバーにいると思うよ，たぶんね。
③ 動作・出来事の完了・結果
- 例　Have you eaten already?
  ご飯，もう食べたの？
  ＊already　もう，すでに

23 (210) Sorry, honey, but I haven't worn a nightgown in years.

🗣 1500語でこんなに話せる！

彼とは何カ月も話をしていないわ。

I haven't spoken to him in months.

あなたには長い間，会っていませんでしたね。（久しぶりですね。）

I haven't seen you in a long time.

※「久しぶりですね」を表す英語表現については Key Sentence31・レッスン1の答え3）を参照下さい。

🎬 他の映画のセリフから

『The Holiday（2006） ホリデイ』

Arthur: Did I do my tie okay? I haven't worn one in 15 years.

僕のネクタイ，ちゃんと出来たかな？ 15年も着けていないんだ。

Iris: Perfect.

完璧よ。

＊wear 着る　wore（過去形），worn（過去分詞形）

Lesson 1

次の語を英語にして，**I haven't worn～in [for] years.** を使って言ってみましょう。

1）長い間，口紅をつけていません。
2）長い間，エプロンは着けていません。
3）長い間，香水をつけていません。

答え

1）I haven't worn lipstick in [for] years.
　　＊wear lipstick　口紅を使う，口紅をつける
2）I haven't worn an apron in [for] years.
　　＊原則としてan は母音の前に，a は子音の前に用いられます。

3) I haven't worn perfume in [for] years.

＊香水や時計など身につけるもの全てに wear が使えます。

Lesson 2

次の日本語を瞬時に英語にして，声に出して言ってみましょう。繰り返し練習してください。

1 ）彼には何週間も会っていません。
2 ）ジャズ・クラブには今まで一度も行ったことがありません。
3 ）彼はずっとバーにいると思うよ，たぶんね。
4 ）ご飯，もう食べたの？
5 ）彼とは何カ月も話をしていないわ。
6 ）あなたには長い間，会っていませんでしたね。（久しぶりですね。）
7 ）長い間，ナイトガウンを着ていない。
8 ）長い間，口紅をつけていません。
9 ）長い間，エプロンは着けていません。
10）長い間，香水をつけていません。
11）僕のネクタイ，ちゃんとできたかな？
12）ネクタイというものを15年も着けていないんだ。
13）完璧よ。

答え

1) I haven't seen him in [for] weeks.
2) I have never been to a jazz club before.
3) I think he's been in the bar, maybe.
4) Have you eaten already?
5) I haven't spoken to him in months.
6) I haven't seen you in a long time.
7) I haven't worn a nightgown in [for] years.
8) I haven't worn lipstick in [for] years.
9) I haven't worn an apron in [for] years.

23 (210) Sorry, honey, but I haven't worn a nightgown in years.

10) I haven't worn perfume in [for] years.
11) Did I do my tie okay?
12) I haven't worn one in 15 years.
13) Perfect.

Key Sentence 24 (211)

Will you help me get undressed, please?

服を脱ぐのを手伝ってくれませんか？

ポイント

* Will you {Could you / Can you} ～?　～してくれませんか？
* get undressed　服を脱ぐ⇔get dressed　洋服を着る，支度をする

Lesson 1

次の語を英語にして **Will you~?** に続けて言ってみましょう。

1）それをもう一度説明していただけませんか？（説明する　explain）
2）ここで待っていただけませんか？
3）失礼させて頂けませんか？
4）私の写真を撮ってくれませんか？
5）（私を）ドアまで歩いて送ってくれませんか？

答え

1）Will you explain it again?
2）Will you wait here?
3）Will you excuse me?
4）Will you take my photo?
5）Will you walk me to the door?
　　＊walk someone to the door（人）をドアの方に歩いて案内する

24 (211) Will you help me get undressed, please?

🎬 **他の映画のセリフから**

『Toy Story（1995） トイ・ストーリー』

A: Get dressed.
　　支度をして。
B: What for?
　　何のために？
A: We're going to dinner.
　　夕食に行くから。

(参考) 　dress up ⇔ dress down
(例文) 　I dress down for work.
　　　　仕事におしゃれはしていきません。

キーセンテンスが登場する場面の近くから

#212　Uh ... okay. Uh ... there you are
　　　—You can handle the rest.
　　　さあ，どうぞ。あとは自分でできるね。

＊There you are.
　ほらこれですよ，さあどうぞ《相手の欲しいものを渡すとき》，その調子。
　※状況により，意味がたくさんあるので要注意！
＊handle　処理する，耐える
　(例文)　I can't handle this heat. It's just too hot.
　　　　この暑さには耐えられない。暑すぎる。
　　　　　＊heat　暑さ
　　　　　(参考)　hot　暑い
＊the rest　その残り

#213　May I have some?
　　　少し，いただけますか？

＊ "May I～?"
自分のしたい事をしても良いか尋ねる表現です。相手の返答が Yes だと想定している時に使いますので，資料などをもらう時は，"May I?　頂いていいですか？／頂きますね。"と言います。

Lesson 1

May I～? を使って，以下の日本語を英語にして言いましょう。
1）あなたのお名前をお聞かせ下さい。
2）切符をお見せ下さい。
3）お願い［頼みたいこと］があるのですが。

答え
1）May I have your name?
2）May I have / see your ticket?
3）May I ask you a favor?

他の映画のセリフから

『Good Will Hunting（1997）　グッド・ウィル・ハンティング』

A: Tom, can you get us some coffee?
　　トム，私達にコーヒーを持ってきてくれる？
T: Sure.
　　いいよ。

24 (211) Will you help me get undressed, please?

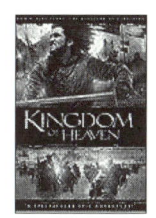

『Kingdom of Heaven (2005)　キングダム・オブ・ヘブン』
Will you get me some more wine?
もう少しワインを持ってきてくれませんか？

『Anger Management (2003)　N.Y.式ハッピー・セラピー』
A: Get undressed.
　　服を脱いで。
B: What did you say?
　　何て言いましたか？
A: Take off your clothes.
　　服を脱いで下さい。

Lesson 2

次の日本語を瞬時に英語にして，声に出して言ってみましょう。繰り返し練習してください。

1）ここで待ってくれますか？
2）失礼していいですか？
3）私の写真を撮ってくれますか？
4）ドアまで歩いて送ってくれますか？
5）仕事におしゃれはしていきません。
6）はいどうぞ。
7）あとは自分でできるね。
8）この暑さには耐えられない。暑すぎる。
9）切符をお見せ下さい。
10）お願い［頼みたいこと］があるのですが。
11）トム，私達にコーヒーを持ってきてくれる？
12）いいよ。
13）もう少しワインを持ってきてくれませんか？

14) 服を脱いで。
15) 何と言いましたか？
16) 服を脱いで下さい。

答え

1) Will you wait here?
2) Will you excuse me?
3) Will you take my photo?
4) Will you walk me to the door?
5) I dress down for work.
6) There you are.
7) You can handle the rest.
8) I can't handle this heat. It's just too hot.
9) May I have / see your ticket?
10) May I ask you a favor?
11) Tom, can you get us some coffee?
12) Sure.
13) Will you get me some more wine?
14) Get undressed.
15) What did you say?
16) Take off your clothes.

―――――― キーセンテンスが登場する場面の近くから ――――――

#216 **I think I'll go out for a cup of coffee.**
コーヒーでも飲みに行ってきます。

＊go out for〜　〜に出かける

　例　　go out for a walk
　　　　散歩に出かける

24 (211) Will you help me get undressed, please?

レベルアップ 〈ネイティブはこんなふうに使う！〉

＊meet for coffee

　コーヒーを飲むために会う→コーヒーでも飲みながら話をする

　例文　Let's meet for coffee.
　　　　コーヒーでも飲みながら話そうよ。

#229　I'll be back in about ten minutes.
　　　10分ほどで戻って来ます。

＊in～　～経ったら

　※「～以内」ではない点に注意。「～以内」は within～。

#243　The pleasure is mine.
　　　どういたしまして。

〈その他の"どういたしまして。"を表す表現〉

① Any time.
② Not at all.
③ No problem.
④ You are welcome.
⑤ Don't mention it.
⑥ Think nothing of it.
　（#447参照）
⑦ My pleasure.

　※(The) Pleasure is mine. / My pleasure. はフォーマルな表現です。

#251　Mr. Hennessy has been looking for you.
　　　ヘネシーさんがあなたをずっと探してますよ。

＊look for～　～を探す

　例文　あなたのこと，あちこち探したのよ。
　　　　① I've been looking for you everywhere.　『Brazil』
　　　　② I've been looking all over for you.　『アラジン』

#255　Just coming to work?
　　　仕事に来たところかい？

＊come to work　出勤する

#261　You've already been to the interview?
　　　君はもう記者会見に行ってきたのかい？

＊have been to～　～に行ったことがある
[例文]　You've never been to Coney Island?
　　　コニー・アイランドには一度も行ったことがないんだね？
[参考]　have gone to～　～に行ってしまった
[例文]　My husband has gone to a concert.
　　　私の夫はコンサートに行ってしまいました。

※現在完了形については，Key Sentence23（210）のポイントで詳しく解説しています。ご参照下さい。

#263　Well−well−well.
　　　さて，さて，さて。

※Wellを二回以上続けていうと驚きを表し，「おやおや／これはこれは」という意味になります。ただ，『ローマの休日』の中で出てきたように嫌みな意味合いをもつことが多いようです。

#263　Apologies.
　　　大変申しわけなく思います。

[例文]　①　Please accept my apologies.
　　　　　ここにおわび申し上げます。／
　　　　　私の謝罪を受け入れてもらえませんか？
　　　②　My apologies.
　　　　　申しわけありません。

24 (211) Will you help me get undressed, please?

参考 I apologize. It's not my fault.
謝罪します。私の責任ではありませんが。
＊apologize　謝る
＊fault　過ち

#269　Don't disturb yourself.
どうぞお構いなく。

＊disturb
① 〔忙しい人の〕邪魔をする
例文　I'm sorry to disturb you.
お邪魔してすみません
② （人）を起こす，〜を目覚めさせる
例文　Do not disturb.
起こさないでください。
（ホテルの部屋のドアにかける札の文句）

参考　bother　わざわざ〜する
例文　① Don't bother.
お構いなく。
② I don't want to bother you.
あなたの邪魔はしたくありません。

#278　Nobody knows.
誰も知らない。

Nobody has to know.
誰も知る必要はない。→ここだけの秘密でいい。

> #281　**By the way,**
> 　　　　ところで，

＊話題を変えたい時に言います．文頭，文中，文末などどこにでも付けられます．以下の例のように，知らない人と少し会話し，自己紹介の必要を感じた時には，文末に置きます．

[例文]　①　A: My name's Clementine, by the way.
　　　　　　B: I'm Joel.
　　　　②　I'm sorry about last night, by the way.
　　　　　　そうだ，昨晩のこと，ごめんなさい．

> #283　**Is it a little warm in here for you?**
> 　　　　ここは少し暑いのかい？

＊warm　暖かい，温かい

〈使い方に注意〉

辞書での意味は"暖かい"ですが，実際には"ちょっと暑い"と感じた時にも使えます．

[例文]　A: Is it warm in here?
　　　　　　ここ，暑いよね？
　　　　B: It's— Maybe I should open a window.
　　　　　　うん，きっと窓を開けたほうがいいわね．

> #284　**I just hurried here.**
> 　　　　急いでここに来ただけです．

＊hurry　急ぐ，急ぎでする

[参考]　be in a hurry / rush　急いで，慌てて

> #284　**That's all.**
> 　　　　それだけです．

24 (211) Will you help me get undressed, please?

#290　That's it.
　　　それだけです。／その通りです。／それでおしまい。／以上です。
　　　など

#298　It / That could happen to anybody.
　　　誰の身にも起こることだよ。

例文　It / That always happens.
　　　よくあることさ。

#303　Take a good look at her.
　　　彼女をよく見てごらん。

＊take a look at〜　〜を見る
＊take a good look at〜　〜をよく見る
＊take a close look at〜　〜を近くで見る
参考　＊take a glance at〜　〜をちらりと見る

#377　He was so mean to me.
　　　彼は私にとても意地悪でした。

#378　He was?
　　　そうだったのかい？

＊be mean to（人）（人）に対して意地悪である

Key Sentence 25 (290)

Did you lose something?

何か失くしたのですか？

ポイント

＊Did you lose something?
何か失くしましたか？

疑問文でsomethingを使うには理由があります。普通の質問ではanythingを使いますが、その返答にYesという肯定の返事を期待する時はsomethingを使います。次の文の訳し方にそのニュアンスを出していますので、訳に注意してみて下さい。

例　家に戻ってきた夫，美味しそうな匂いを嗅いでこう言う。
　　Do you have something to eat?
　　何か食べる物，あるよね？

例　家に戻ってきた夫，寝ている妻にこう言う。
　　Do you have anything to eat?
　　何か食べる物，ある？

キーセンテンスが登場する場面の近くから

#389　Are these yours?
　　　これらはあなたの（もの）ですか？

25（290）Did you lose something?

🎬 他の映画のセリフから

『Novocaine（2001）ノボケイン／局部麻酔の罠』

A: Are these yours?
　これらはあなたのですか？

B: Of course they are. Where'd you find them?
　もちろんそうです。どこで見つけましたか？

＊Where'd = Where did
　文面によっては 'Where would' の省略にもなります。

＊find　見つける，見つけ出す

Lesson 1

次の語を英語にして Are these～? に続けて言ってみましょう。

1）これらは私のものですか？
2）これらは彼女のものですか？
3）これらは彼のものですか？
4）これらは彼らのものですか？
5）これらは私たちのものですか？

答え

1）Are these mine?
2）Are these hers?
3）Are these his?
4）Are these theirs?
5）Are these ours?

Lesson 2

次の日本語を瞬時に英語にして，声に出して言ってみましょう。繰り返し練習してください。

1）何か失くしたのですか？

2）これらはあなたの（もの）ですか？
3）もちろんそうです。どこで見つけましたか？
4）これらは私のものですか？
5）これらは彼女のものですか？
6）これらは彼のものですか？
7）これらは彼らのものですか？
8）これらは私たちのものですか？
9）何か食べる物，あるよね？（肯定の返事を期待した時）
10）何か食べる物，ある？

答え

1）Did you lose something?
2）Are these yours?
3）Of course they are. Where'd you find them?
4）Are these mine?
5）Are these hers?
6）Are these his?
7）Are these theirs?
8）Are these ours?
9）Do you have something to eat?
10）Do you have anything to eat?

Key Sentence 26 (382)

I'm afraid I don't know anybody by that name.

残念ながら，そのような名前の人は知りません。

ポイント

* I'm afraid 主語＋動詞．残念ながら〜ではないかと思います。
  - 例文　I'm afraid we have a bad connection.
    接続状態が悪いようですが。（携帯などでの会話で）
* I'm afraid 主語＋can't＋動詞．残念ながら〜できません。
  - 例文　① I'm afraid I can't do that.
    残念ながらそんなことは出来ません。
  - ② I'm afraid I can't stay for dinner.
    残念ながら夕食まで居られません。
    ＊夕食まで居る　stay for dinner.

他の映画のセリフから

『Be Cool（2005）　Be Cool／ビー・クール』
I don't go by that name anymore.
私はもうその名前は使っていません。
＊anymore　今は／もはや〜ない

『Ransom（1996）　身代金』
A: I'm afraid of the dark. I don't like the dark.
　暗闇がこわい。暗闇は好きではない。
B: You're all right.
　大丈夫だよ。

『Casino Royale（2006） 007カジノ・ロワイヤル』

I need her now.
今すぐ彼女を出して下さい。
I'm afraid she can't be disturbed. Can I take a message?
あいにく，彼女は手がふさがっています。伝言をお預かりしましょうか？
＊take a message メッセージを預かる
　参考　leave a message　メッセージを残す

Lesson 1 ①

次の語を英語にして，I'm afraid I can't～．に続けて言ってみましょう。
1）残念ながら歌えません。
2）残念ながらそれは出来ません。
3）残念ながらあなたにそれを言えません。

答え
1）I'm afraid I can't sing.
2）I'm afraid I can't do that.
3）I'm afraid I can't tell you that.

〈afraid のその他の使い方〉
be afraid of～　～が怖い⇔ be not afraid of～　～が怖くない

Lesson 1 ②

次の語を英語にして I'm afraid of～．の～に入れて言ってみましょう。
1）変化が怖い。
2）犬が怖い。
3）地震が怖い。
4）高所恐怖症です。

5）ミスをするのが怖い。

> 答え

1）I'm afraid of change.
2）I'm afraid of dogs.
3）I'm afraid of quakes.
4）I'm afraid of heights.
5）I'm afraid of making mistakes.

Lesson 2

次の日本語を瞬時に英語にして，声に出して言ってみましょう。繰り返し練習してください。

1）残念ながら，そのような名前の人は知りません。
2）私はもうその名前は使っていません。
3）接続状態が悪いようですが。
4）残念ながらそんなことは出来ません。
5）残念ながら夕食まで居られません。
6）残念ながら歌えません。
7）残念ながらそんなことは言えません。
8）暗闇がこわい。暗闇は好きではありません。
9）（あなたは）大丈夫ですよ。
10）変化が怖い。
11）犬が怖い。
12）地震が怖い。
13）高所恐怖症です。
14）ミスをするのが怖い。
15）残念ながら，彼女の邪魔はできません。
16）伝言をお預かりしましょうか？

> 答え

1）I'm afraid I don't know anybody by that name.

2) I don't go by that name anymore.
3) I'm afraid we have a bad connection.
4) I'm afraid I can't do that.
5) I'm afraid I can't stay for dinner.
6) I'm afraid I can't sing.
7) I'm afraid I can't tell you that.
8) I'm afraid of the dark. I don't like the dark.
9) You're all right.
10) I'm afraid of change.
11) I'm afraid of dogs.
12) I'm afraid of quakes.
13) I'm afraid of heights.
14) I'm afraid of making mistakes.
15) I'm afraid she can't be disturbed.
16) Can I take a message?

Key Sentence 27 (409)

Would you like a cup of coffee?

コーヒーはいかがですか？

ポイント

Would you like coffee [tea]? の返答の仕方

① もらうとき

　Yes, please. / Very much.

　I'd love one. / That would be nice.

　＊この返答の後，"Thank you." を添えると丁寧な言い方になります。

② 断るとき

　No, I'm okay / fine. Thanks.

　(I'm afraid I don't drink coffee [tea]. とご自身の好みを正直に言ってもかまいません。)

　Thanks, but no thanks.

　有難う，でも結構です。

1500語でこんなに話せる！

＊I'd like～．　～を頂きたいのですが。(お店などで注文するとき)

例文　　A：コーヒーを下さい。

　　　　　　I'd like coffee please.

　　　　B：クリームですか？　砂糖ですか？

　　　　　　Cream or sugar?

　　　　A：ブラックでお願いします。

　　　　　　Black (please).　　　　　　　『エイリアス』

上のように店員から Cream or sugar? と言われて，「どちらも欲しい」時は Both please. と言い，どちらかの時は Just cream [sugar], please [thank you]. と答えます。

☕ コーヒーブレイク3

『Futuruma（フューチュラマ）』というアメリカ・テレビドラマの一場面に，こんな面白い会話がありました。

Aさんと自動販売機との会話です。

A: I'd like a cup of coffee, please.
コーヒーをお願いします。

Coffee Machine: Would you like cream?
クリームはお入り用ですか？

A: Yes, please.
はい，お願いします。

Coffee Machine: Out of cream!
クリームがなくなりました！

A: Oh, uh, OK.
あっそうなんだ。

Coffee Machine: Would you like sugar in your coffee?
コーヒーに砂糖をお入れになりますか？

A: Yes, uh, eight spoons.
はい。ティー・スプーン8杯でお願いします。

Coffee Machine: Out of coffee!
コーヒーがありません！

コーヒーブレイク4

●**砂糖にもいろいろ**

white sugar（白砂糖），

brown sugar（ブラウン・シュガー），

granulated sugar（グラニュー糖），

Sweet'N Low（スイートンロー，米国製の人工甘味料の商品名），

Splenda（スプレンダ，英国で開発されたノンカロリー甘味料）

●**飲み方にもいろいろ**

How would you like your coffee [tea]?

コーヒー［紅茶］はどのように飲まれますか？

例文
① I'd like my tea with milk (, please).
   紅茶はミルクでお願いします。

② I'd like it black (, please).
   ブラックで結構です。

③ Just black, please.
   ブラックでお願いします。

他の映画のセリフから

『What Lies Beneath（2000） ホワット・ライズ・ビニース』

Would you like a cup of coffee? —Very much.

コーヒーはいかがですか？──喜んで頂きます。

Lesson 1

次の語を英語にして **Would you like～?** に続けて言ってみましょう。

1) 水をグラス1杯，いかがですか？
2) 車で送っていきましょうか？
   ＊車で送ること　lift / ride

3) もう少しいかがですか？
4) お代わりはいかがですか？
　　＊飲み物のお代わり　refill
5) 味見はいかがですか？
　　＊味見　taste

> 答え

1) Would you like a glass of water?
2) Would you like a lift / ride?
3) Would you like a little more?
4) Would you like a refill?
5) Would you like a taste?

Lesson 2

次の日本語を瞬時に英語にして，声に出して言ってみましょう。繰り返し練習してください。

1) お水は要りますか？
2) 私の車に一緒に乗っていきませんか？／車［自動車］で送っていきましょうか？
3) もう少しいかがですか？（ワインやお料理などを勧める時）
4) （飲み物の）お代わりはいかがですか？
5) 味見はいかがですか？
6) コーヒーはいかがですか？
7) お願いします。
8) それはいいですね。
9) いいえ，結構です。
10) 残念ながら紅茶は飲みません。
11) ありがとうございます。でも結構です。
12) コーヒー1杯，お願いします。
13) クリームですか？　それともお砂糖ですか？

27 (409) Would you like a cup of coffee?

14）ブラックでお願いします。
15）紅茶はどうなさいますか？
16）紅茶はミルクでお願いします。
17）コーヒーはいかがですか？──喜んで頂きます。

答え

1) Would you like a glass of water?
2) Would you like a lift?
3) Would you like a little more?
4) Would you like a refill?
5) Would you like a taste?
6) Would you like a cup of coffee? / Would you like coffee?
7) Yes, please. / I'd love one. / Very much.
8) That would be nice.
9) No, I'm okay / fine. Thanks.
10) I'm afraid I don't drink tea.
11) Thanks, but no thanks
12) I'd like a cup of coffee please.
13) Cream or sugar?
14) (Just) Black, please. / I'd like it black (, please).
15) How would you like your tea?
16) I'd like my tea with milk (, please).
17) Would you like a cup of coffee? ─Very much.

キーセンテンスが登場する場面の近くから

#435　There you are!
　　　そこにいたんだ！

参照　#212では"さあ，どうぞ。"という意味で使われています。
　　　Uh … there you are─
　　　え～…さあ，どうぞ。

＊まとめて覚えておきましょう。

There you are.
① こんなところにいたんだね。
② その調子。
③ さあ，どうぞ。

Here you are.
はい，どうぞ。

There you go！
その調子！

Here you go.
① はい，どうぞ。
② さあ，始めてくれ。

> #436　I was looking at all the people out here.
> 　　　ここで人々を見ていたんです。
> 　　　It must be fun to live in a place like this.
> 　　　このような所に住むなんて楽しいに違いないですね。

＊look at〜　〜を見る
　[例文]　Will you look at me when I'm talking to you.　『タイタニック』
　　　　　私があなたに話している時は，私をみなさい。

＊must〜　①　〜しなければならない
　　　　　②　〜に違いない
　[例文]　This must be yours.
　　　　　これ，あなたのでしょ。　『めぐり逢えたら』
　[参考]　have to do = have got to do　〜しなければならない
＊実際の会話では'have'を略し'got to do'にすることが多いようです。
　また，くだけた会話では'got to do'は'gotta do'になります。
　[例文]　もう行かなくては。
　　　　　I have to go. → I've got to go. → I got to go. → I gotta go.

Key Sentence 28 (437)

It has its moments.

いつもではないけれど良い時もあるよ。

ポイント

* have its moments = have one's moments
  幸福な［楽しい，調子のよい］時もある／それなりに取柄［見どころ］もなくはない／たまには［やるときは］やる（リーダーズ＋プラスより）
* have its (one's) moments
  〈ある人・物事が〉珍しく調子のよい［ついている，はぶりのよい］時がある（研究社　新英和中辞典より）

他の映画のセリフから

『A Love Song for Bobby Long（2004）　ママの遺したラヴソング』

Is it romantic?
ロマンチックだよね？
It has its moments.
そういう時もあるね。

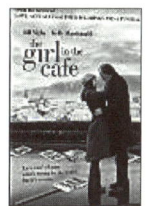

『The Girl in the Café（2005）　ある日ダウニング街で』

Do you work round here?
この辺で働いているのですか？
Yes.
ええ。
Interesting?
面白いですか？
It has its moments.
面白い時もあります。

Lesson 1

次の語を英語にして，**It has its moments.** を続けて言いましょう。

1）この街は小さいけれど，美しいですね。
2）ディズニーランドの近くに住んでいるとは素晴らしいでしょうね。

答え

1）This town is small but beautiful. It has its moments.
2）Living near Disneyland must be fantastic. It has its moments.

Lesson 2

次の日本語を瞬時に英語にして，声に出して言ってみましょう。繰り返し練習してください。

1）それってロマンチックだよね？
2）そういう時もあります。
3）この辺で働いているのですか？
4）ええ。
5）面白いですか？
6）良い時もあれば悪い時もあります。
7）この街は小さいけれど美しい。
8）ディズニー・ランドの近くに住むのは素敵に違いない。

答え

1）Is it romantic?
2）It has its moments.
3）Do you work round here?
4）Yes.
5）Interesting?
6）It has its moments.
7）This town is small but beautiful.
8）Living near Disneyland must be fantastic.

Key Sentence 29 (446)

That's all right, thank you. I can find the place.

結構です。場所はわかります。

ポイント

* That's all right [OK / fine].　大丈夫です。
* That's all right [OK / fine], thank you.　結構です。
  ※断る時だけ ", thank you." を付けます。
* I can find the place.　場所はわかります。
  place　場所
  参考　one's place　(人) の家，自宅

1500語でこんなに話せる！

① あなたが場所を決めてください。
  You name the place.

② 私，いい所を知っているよ。
  I know just the place.　『ローマの休日』#560

③ 私の家で一杯いかがですか？
  What about a drink at my place?
  * What about〜?　〜はいかがですか？

キーセンテンスが登場する場面の近くから

#445　Well, I'll go along with you wherever you are going.
あなたがどこに行こうともついて行きます。

* wherever　どこへ〜しても，〜するところはどこでも
  ※ever を付けるだけで「〜でも」の意味を付加することができます。

> 参考　Whenever it's possible, I want to see you.
> 可能ならいつでも，僕は君に会いたい。

#446　Thank you for letting me sleep in your bed.
　　　　ベッドを使わせて下さりありがとうございました。

＊let me 動詞　私に〜させる

#447　Think nothing of it.
　　　　どういたしまして。

＊お礼だけではなくお詫びに対しても使える表現です。

＊#243参照

Lesson 1 ①

① 次の語を英語にして，Thank you for〜. に続けて言ってみましょう。
1）来てくれてありがとう。
2）いろいろとありがとう。
3）ご親切をありがとう。

答え
1）Thank you for coming.
2）Thank you for everything.
3）Thank you for your kindness.

② **Let me** 動詞. を使って，以下の日本語を英語にして言いましょう。
1）それについては考えさせてください。
2）質問させてください。
3）言わないで。当ててみましょうか。
4）私に見せてください。

29 (446) That's all right, thank you. I can find the place.

答え

1) Let me think of it / that.
2) Let me ask you a question. / Let me ask you something.
3) Don't tell me. Let me guess.
4) Let me see.

　　＊「え〜っと」という意味でも使います。

　　参考　　Let me.　私にさせてください。／お任せください。

　　　　　　＊何かをおごってあげる時，荷物を持ってあげる時，ドアを開けてあげる時などに言います。

他の映画のセリフから

『Hostel: Part II（2007）　ホステル２』

I can barely find the place. I had to ask my sister for directions.

場所がほとんどわからない。妹に道を聞かなきゃいけなかったんだ。

　＊barely　ほとんど〜ない　　◆【類】hardly, scarcely

Lesson 1 ②

次の日本語を"I can find"を使って英語にして言いましょう。

1) 何が見つかるか調べてみます。

　　＊よく見る，調べる　see

2) きっと，自分なりの道を見つけることができる。

　　＊道　way

3) どこで結婚相手を見つけるか教えて下さい。

　　＊You tell me〜．　〜を教えてください。

4) ハンドバッグがどこにも見当たらない。

　　＊anywhere　どこにも，どこでも

　　＊purse　ハンドバッグ，札入れ（米），（特に女性の）小銭入れ（英）

> 答え

1) I'll see what I can find.
2) I'm sure I can find my own way.
3) You tell me where I can find a partner.
4) I can't find my purse anywhere.

Lesson 2

次の日本語を瞬時に英語にして，声に出して言ってみましょう。繰り返し練習してください。

1) 結構です。場所はわかります。
2) あなたが場所を決めてください。
3) 私，いい所を知っているよ。
4) 私の家で一杯いかがですか？
5) 来てくれてどうもありがとう。
6) いろいろとありがとう。
7) 親切にしてくれてありがとう。
8) どういたしまして。
9) 考えさせて下さい。
10) 言わないで。当ててみましょうか。
11) 私に見せてください。
12) 場所がほとんどわからない。妹に道を聞かなきゃいけなかったんだ。
13) 何が見つかるか調べてみます。
14) きっと，自分なりの道を見つけることができる。
15) どこで結婚相手を見つけるか教えて下さい。
16) ハンドバッグがどこにも見当たらない。

> 答え

1) That's all right, thank you. I can find the place.
2) You name the place.
3) I know just the place.

29 (446) That's all right, thank you. I can find the place.

4) What about a drink at my place?
5) Thank you for coming.
6) Thank you for everything.
7) Thank you for your kindness.
8) Think nothing of it.
9) Let me think of it / that.
10) Don't tell me. Let me guess.
11) Let me see.
12) I can barely find the place. I had to ask my sister for directions.
13) I'll see what I can find.
14) I'm sure I can find my own way.
15) You tell me where I can find a partner.
16) I can't find my purse anywhere.

📖 コーヒーブレイク**5**

"感謝してもしきれません／お礼の申しあげようもありません。"

① I can't thank you more.
② I can't thank you enough.
③ I don't know how to thank you.
④ I can't tell you how thankful / grateful I am.

お礼の気持ちをさらに伝えたい時は，①から④の後に，"I owe you."と言います。I owe you.を直訳すると"あなたに借りが出来ました。"ですが，"あなたの御蔭で助けられました"という感謝の気持ちを表します。

Key Sentence 30 (448)

It was very considerate of you.

あなたってとてもご親切ですね。

ポイント

＊It's considerate [thoughtful] of（人）to do.
　〜してくれるとは（人）は思いやりがある。

＊It is 形容詞 of 人 to〜．　〜するなんて（その人は）〜だ。
　※形容詞には，人の"性質や評価"をあらわす単語が入ります。
　　例　　kind　親切な，foolish　馬鹿な，wise　利口な

Lesson 1

＿＿＿に次の日本語を英語で入れ，言ってみましょう。

It's ＿＿＿ of you to come.

1）馬鹿な　2）良い　3）親切な

答え

1）It's foolish of you to come.
2）It's nice / good of you to come.
3）It's nice / sweet / kind of you to come.

▸ 1500語でこんなに話せる！

A：参加してくれて（来てくれて）よかった。
　　Nice of you to join us.
B：うん，だって，約束しただろ？
　　Yeah, well, I promised, didn't I?

『ショーン・オブ・ザ・デッド』

※違いを覚えて使い分けましょう！

It is 形容詞 for 人 to～．（人）にとって～だ。

Lesson 1

＿＿＿＿に次の日本語を英語で入れ，言ってみましょう。

I think it's ＿＿＿＿ for me to speak up.

1）大事な　2）難しい／大変な　3）簡単な

答え

1）I think it's important for me to speak up.
2）I think it's difficult / hard for me to speak up.
3）I think it's easy for me to speak up.

参考　(Is it) Quite safe for me to sit up?　『ローマの休日』#387

キーセンテンスが登場する場面の近くから

#448　**You must have been awfully uncomfortable on that couch.**
長椅子ではとても寝心地が悪かったでしょうね。

＊must have been 形容詞，must have 動詞の過去分詞形
　～だったに違いない

例文　① I must have been out of my mind.
　　　　　気がおかしかったに違いない。
　　　② I must have lost him.
　　　　　彼を見失ったに違いない。

Key Sentence 31

(453) **(It's a) Small world!**

なんて世間は狭いのでしょう！

(454) **I almost forgot.**

もう少しで忘れるところでした。

ポイント

(It's a) Small world! / What a small world!
世間は狭いよね。

他の映画のセリフから

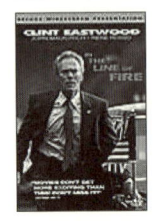

『In the Line of Fire（1993） ザ・シークレット・サービス』

A: Where are you from?
　どこの出身？
B: Minneapolis.
　ミネアポリス。
A: You're kidding. So am I.
　冗談でしょ，僕もそうですよ。
B: Wow, it's a small world.
　うあ，世間は狭いね。

31 (453) (It's a) Small world! 他

ポイント

> ＊I almost forgot.　もう少しのところで忘れるところだった。
> almost〜　もう少しで〜するところ
>
> [例文]　①　もう少しで電車に乗り遅れるところでした。
> 　　　　　　I almost missed the train.
> 　　　　②　もう少しでそれを信じるところでした。
> 　　　　　　I almost believed it.

1500語でこんなに話せる！

'almost every day　ほとんど毎日' を使って

① ほとんど毎日，庭いじりをします。
　Almost every day I garden.
② ほとんど毎日，牛乳を飲みます。
　I drink milk almost every day.
③ ほとんど毎日，DVDで映画を見ます。
　I watch movies / films on DVD almost every day.
④ ほとんど毎日，運動をしています。
　I workout / work out almost every day.
　＊workout＝work out　運動をする

Lesson 1

It's a small world. と言われた時の返答を英語にしましょう。

1）本当にそうですね。
2）あなた達お二人が知り合いだったとは！
3）久しぶりね！　あなた覚えてる，主人の健よ。

答え

1）It certainly is. / Yes, it is.

2）You two know each other!
3）It's been a long time! You remember this is my husband, Ken.

＊久しぶりね。

It's been a long time. / It's been a while. / It's been ages. / Long time no see.（カジュアルな表現）

参考　久しぶりだね，どのくらいになる？
How long has it been?

Lesson 2

次の日本語を瞬時に英語にして，声に出して言ってみましょう。繰り返し練習してください。

1）なんて世間は狭いのでしょう。
2）もう少しで忘れるところでした。
3）どこの出身？
4）冗談でしょ。
5）もう少しで電車に乗り遅れるところでした。
6）もう少しでそれを信じるところでした。
7）ほとんど毎日，庭いじりをします。
8）ほとんど毎日，牛乳を飲みます。
9）ほとんど毎日，DVDで映画を見ます。
10）ほとんど毎日，運動をしています
11）世間は狭いですね。――本当にそうですね。／ええ。
12）世間は狭いですね。あなた達お二人が知り合いだったとは！
13）お久し振りです。私の夫・健を覚えていらっしゃいますか？

31 (453) (It's a) Small world! 他

> 答え

1) (It's a) Small world!
2) I almost forgot.
3) Where are you from?
4) You're kidding.
5) I almost missed the train.
6) I almost believed it.
7) Almost every day I garden.
8) I drink milk almost every day.
9) I watch movies / films on DVD almost every day.
10) I workout / work out almost every day.
11) It's a small world. ―Yes, certainly is. / Yes, it is.
12) It's a small world. You two know each other!
13) It's been a long time! You remember this is my husband, Ken.

Key Sentence 32 (475)

What a wonderful hair you have!

なんて素敵な髪でしょう！

ポイント

What a ＋ 形容詞 ＋ 名詞（＋ 主語 ＋ 動詞）！
なんて～なんでしょう！

Lesson 1

"What a～!" を使って次の日本語を英語で言いましょう。

1）なんて素敵なお家でしょう！
2）彼女はなんて親切なんでしょう！
3）これはなんて素敵なサプライズでしょう！

答え

1）What a great house you have! / What a great house! / What a great house this is!
2）What a kind person she is!（＝ How kind she is!）
3）What a nice surprise this is!

キーセンテンスが登場する場面の近くから

#476　Just cut.
　　　カットだけして下さい。

＊just　～だけ，ちょうど，つい今しがた

　例文　I just met her.

つい今しがた，彼女に会ったよ。

> #486　I'm quite sure, thank you.
> 　　　　本当に大丈夫です，ありがとうございます。

＊"〜, thank you." を付けると丁寧な表現になります。丁寧にお願いしたい時には，文の最後に，thank you. を付けるといいでしょう。

[例文]　#476　Just cut, thank you.
　　　　　　　　カットだけお願いします。

1500語でこんなに話せる！

〈美容院（hair salon），理髪店（barber shop）での英会話〉

＊How would you like your hair?　髪はどうなさいますか？

① 揃えて下さい。
　 I'd like a trim.
② シャンプー・カットをお願いします。
　 I'd like a shampoo and (hair) cut.
③ パーマをお願いします。
　 I'd like a perm.

[レベルアップ]

① I want to dye / color my hair brown.
　 ＝I want my hair dyed brown.
　 髪を茶色に染めたいのですが。
② Take about one centimeter off my bangs.
　 前髪を1センチ，切って下さい。
③ Could / Can you thin it out a little?
　 （髪の）量を少しすいて下さい。
　 ＊thin out　（髪を）すく

Lesson 2

次の日本語を瞬時に英語にして，声に出して言ってみましょう。繰り返し練習してください。

1）たった今，彼女に会ったよ。
2）本当に大丈夫です，ありがとうございます。
3）本当に大丈夫ですか？
4）なんて素敵なお家でしょう！
5）彼女はなんて親切なんでしょう！
6）これはなんて素敵なサプライズでしょう！
7）髪はどうなさいますか？
8）揃えて下さい。
9）シャンプー・カットをお願いします。
10）パーマをお願いします。
11）髪を茶色に染めたいのですが。
12）前髪を1センチ，切って下さい。
13）髪の量を少しすいて下さい。

答え

1）I just met her.
2）I'm quite sure, thank you.
3）Are you quite sure?
4）What a great house you have! / What a great house! / What a great house this is!
5）What a kind person she is! (＝How kind she is!)
6）What a nice surprise this is!
7）How would you like your hair?
8）I'd like a trim.
9）I'd like a shampoo and (hair) cut.
10）I'd like a perm.
11）I want to dye / color my hair brown. ＝I want my hair dyed brown.

12) Take about one centimeter off my bangs.
13) Could / Can you thin it out a little?

Key Sentence 33 (502)

It's perfect! You'll be nice without long hair. Now, it's cool, hum?

完璧！　貴女は髪が長くなくても素晴らしい。
さあ，カッコいいでしょ？

(503)

It's just what I wanted.

まさにこのようにしたかったのよ。

ポイント

＊cool
涼しい（not warm, but not cold），カッコいい（awesome），
大丈夫な（fine / OK）

[例文]　① Stay cool!
　　　　⑴　涼しくしていましょう！／暑さに負けずお過ごし下さい（天気予報士などの言葉）
　　　　⑵　平静を保ちましょう！
　　　　⑶　それでは！／またね！
　　　　　　（手紙の文末や別れ際に使う場合）
　　　② What a cool camera!
　　　　なんてカッコいいカメラだろう！
　　　③ If you don't want to talk at first, it's cool.　『心の旅』
　　　　君が最初に話したくないのなら，いいよ。
　　　④ That's cool with me!
　　　　それで私は構わない。
　　　　　＊be cool / fine / OK with（人）
　　　　　　（人）にとって〜でよい／〜が（人）にとって問題はない

[参考]　cold　低温の，寒い，（人や態度が）冷たい
[例文]　① I feel cold. / It's cold.

寒い。
② He's been cold and distant.
彼の態度はずっと冷たくよそよそしい。
＊distant　よそよそしい
③ That's a nice looking camera you have there.
『ローマの休日』#495
君が持っているカメラは良いね。

＊without〜　〜なしで　⇔　with〜　〜を付けて
[例文] ① I can't live without you.
君なしでは生きていけない。
② What tastes nicer with mayo?
マヨネーズを付けると味が良くなるのは何？

＊It's just what I wanted.　まさにこのようにしたかったのよ。
※just は強調
※what＋（主語＋動詞）　〜すること／〜するもの
[例文] It's what he wants!
それが彼の狙い〔望み〕だ！

Lesson 1 ①

次の語を英語にして，**Life is better with〜.** に続けて言ってみましょう。
1）人生は仲間がいた方がよりよい。　2）人生は歯があった方がよりよい。
3）人生は健康があった方がよりよい。　4）人生は愛があった方がよりよい。

[答え]

1) Life is better with friends. / Life is better with company.
　＊company　仲間．友達．友人
2) Life is better with teeth.
3) Life is better with health.
4) Life is better with love.

他の映画のセリフから

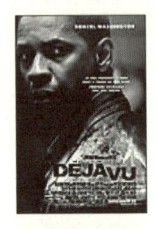

『Deja Vu (2006) デジャ・ブ』
It's just what you said.
それはあなたが言ったことだよ。

『Home Alone (1990) ホーム・アローン』
It's just what he wants us to do.
それは彼が僕たちにしてもらいたいことだ。

Lesson 1 ②

次の語を英語にして，It's just what〜．に続けて言ってみましょう。

1) それは医者が命じた事だ。
   ＊命じる　order
2) それは私が思ったことだ。
3) それは君が長年，探し求めていたものだ。
   ＊長年の間　for all these years

答え

1) It's just what the doctor ordered.
2) It's just what I thought.
3) It's just what you've been searching for all these years.

Lesson 2

次の日本語を瞬時に英語にして，声に出して言ってみましょう。繰り返し練習してください。

1) まさにこのようにしたかったのよ。

33 (502) It's perfect! You'll be nice without long hair. Now, it's cool, hum?　他

2) なんてカッコいいカメラだろう！
3) 君が最初に話したくないのなら，いいよ。
4) それで私は構わない。
5) 寒い。
6) 彼の態度はずっと冷たくよそよそしい。
7) 君が持っているカメラは良いね。
8) 君なしでは生きていけない。
9) マヨネーズを付けると味が良くなるのは何？
10) 人生は仲間がいた方がより良い。
11) それはあなたが言ったことだよ。
12) それは彼が僕たちにしてもらいたいことだ。
13) それは君がここ長年，探し求めていたものだ。

答え

1) It's just what I wanted.
2) What a cool camera!
3) If you don't want to talk at first, it's cool.
4) That's cool with me!
5) I feel cold. / It's cold.
6) He's been cold and distant.
7) That's a nice looking camera you have there.
8) I can't live without you.
9) What tastes nicer with mayo?
10) Life is better with friends [company].
11) It's just what you said.
12) It's just what he wants us to do.
13) It's just what you've been searching for all these years.

Key Sentence 34 (547)

I'd better get a taxi and go back.

タクシーを拾って帰らなくては大変なことになります。

ポイント

＊had better ('d better / better) と should の違いをしっかり覚えて使い分けましょう。

　had better～：「～しなければ大変なことになる」のニュアンス
　should：～した方がよい

[例文] I think you'd better sit up. You're much too young to get picked up by the police. 『ローマの休日』#138
起きた方がいいと思うよ。若いのに，警察にしょっぴかれるから。
＊get picked up by～　～に連れて行かれる，ナンパされる

キーセンテンスが登場する場面の近くから

#548　Before you do, why don't you take a little time for yourself.
その前に，自分の時間をちょっと持ってはどうですか。

＊Why don't you～. / ?
"Why don't you～" は実際には "提案の意味" になりますので，この文章のようにピリオド "." で終えることも可能です。

＊take time for oneself　自分のために時間を使う

[例文] I'm too busy to take time for myself. /
I am so busy that I can't take time for myself.
忙しすぎて，自分の時間が持てない。

[参考] Take your time.

時間をかけて構わないよ。／(急がないので) ゆっくりどうぞ。

> **コーヒーブレイク6**
> "Take it easy." は "無理しないでね。／のんびりね。" という意味で覚えていらっしゃると思いますが，誰かと別れる時に "さようなら。／じゃあね。" という意味でも使えます。友人や，親しくなった店員さんに言ってみてはいかがでしょうか。

Lesson 1 ①

Why don't you~? を使って次の日本語を英語で言いましょう。

1) あなた，先に行ったら？
   ＊先に行く　go first
2) 彼を案内してあげてはどうですか？
   ＊～を案内する　show～around
3) それを着てみてはどうですか？
   ＊それを着てみる　try it on
4) 外は寒いよ。何か着たらどう？

答え

1) Why don't you go first?　『モナリザ・スマイル』
2) Why don't you show him around?　『天使のくれた時間』
3) Why don't you try it on?　『天使のくれた時間』
4) It's cold out there. Why don' you put something on?

参考 句動詞(動詞+副詞)の目的語の位置は原則として次のようになります。

"put on" を例にして紹介します。

① put～on

目的語が(代名詞 it, this, that, something などの)場合は、動詞と副詞の間に入れます。

② put on～

目的語が長い名詞句の場合は、副詞の後ろに置きます。

例 Put on these clothes now.

他の映画のセリフから

『Meet the Parents (2000) ミート・ザ・ペアレンツ』

A: Why don't you talk to him?
　君から彼に話しかけてはどうだい？
B: You think I should?
　話しかけたほうがいいと思う？
　＊talk to～　～に話しかける
　参考　talk with～　～と話す

『American Beauty (1999) アメリカン・ビューティ』

Why don't you tell our daughter about it, honey?
私達の娘にそれについて話してはどう？

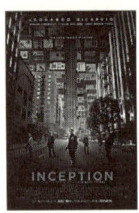

『Inception (2010) インセプション』

Why don't you give us another five minutes?
私達にあと5分ください。
＊another　別の、もう一つの

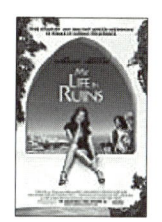

34 (547) I'd better get a taxi and go back.

『My Life in Ruins (2009)　マイ・ビッグ・ファット・ドリーム』
Coffee? Everybody should take the time for a coffee.
コーヒーはどう？　みんな，コーヒーを飲む時間を取った方がいいわよ。

Lesson 1 ②

次の日本語を英語にして，**Why don't you〜?** に続けて言ってみましょう。
1）赤ワインをボトルでくれる
2）少しの間，外に出る
3）僕の知らないことを教える
4）自分のために時間を作る

答え

1）Why don't you give me a bottle of red wine.
2）Why don't you go outside for a while?
3）Why don't you tell me something I don't know?
4）Why don't you take some time for yourself?

Lesson 2

次の日本語を瞬時に英語にして，声に出して言ってみましょう。繰り返し練習してください。
1）タクシーを拾って帰らなくては大変なことになりますよ。
2）自分のためにちょっと時間を作ってはどうですか？
3）起きた方がいいと思うよ。
4）若いのに，警察にしょっぴかれるから。
5）あなた，先に行ったら？
6）彼を案内してあげてはどうですか？
　　＊〜を案内する　show〜around

7) それを着てみてはどうですか？
   ＊それを着てみる　try it on
8) 外は寒いよ。何か着たらどう？
9) 忙しすぎて，自分の時間が持てない。
10) 時間をかけて構わないよ。／(急がないので) ゆっくりどうぞ。
11) 君から彼に話しかけてはどうだい？
12) 私達の娘にそれについて話してはどう？
13) 私達にあと5分ください。
14) みんな，コーヒーを飲む時間を取った方がいいわよ。

答え

1) I'd better get a taxi and go back.
2) Why don't you take a little time for yourself.
3) I think you'd better sit up.
4) You're much too young to get picked up by the police.
5) Why don't you go first?
6) Why don't you show him around?
7) Why don't you try it on?
8) It's cold out there. Why don' you put something on?
9) I'm too busy to take time for myself. / I am so busy that I can't take time for myself.
10) Take your time.
11) Why don't you talk to him?
12) Why don't you tell our daughter about it?
13) Why don't you give us another five minutes?
14) Everybody should take the time for a coffee.

Key Sentence 35 (552)

Like what?

たとえば？

場面の背景 ▶ 何でもやってみたい

自由を求めるアン王女。こんな夢を語るアン王女の様子に，ジョーはジョーでスクープへの夢を膨らませます。

ポイント

* Like what? = Like?　たとえばどんな？

  友達同士などカジュアルな場面で使える表現です。For example? や For instance? も"たとえば？"という意味で使えますが，やや硬い表現といえるでしょう。

* like～　～のような

  例文　I'm quite like my mother.
  私は母にかなり似ています。

キーセンテンスが登場する場面の近くから

#551　I could do some of the things I've always wanted to.
ずっとやりたいと思っていることのいくつかが出来れば……。

＊出来ればいいのだけれど＝I could～．

#554　You mean, things like having your hair cut, and eating *gelati*.
ということは，髪を切ったり，ジェラートを食べたりとかのことだね。

＊You mean, ＝ということは，
＊gelati：gelato の複数形

Lesson 1

次の A と B の会話の下線に，1）〜2）の日本語を英語にして言ってみましょう。

A: I would promise you something.
B: Like what?
A: ＿＿＿＿＿＿＿＿＿＿＿＿＿＿＿

1）自分自身のためにもっと時間を過ごす
2）映画を見るのにより多くの時間を過ごす
   ＊spend 〔金を〕使う，〔時間を〕費やす

答え

1）Spend more time for myself.
2）Spend more time watching movies.

🎬 他の映画のセリフから

『The Proposal（2009） あなたは私の婿になる』
She was a lot like you.
彼女はあなたそっくりだったわ。
＊a lot 大いに，ずいぶん

Lesson 2

次の日本語を瞬時に英語にして，声に出して言ってみましょう。繰り返し練習してください。

1）以前からずっと挑戦したいと思っていることはありますか？

2） えー，たくさんあります。
3） たとえば？
4） 小さなキャビンで暮らすことです。

答え

1） Is there something you've always wanted to try?
2） Well, there are a lot of things.
3） Like what?
4） Live in a little cabin.（アメリカ人に多い回答）

〈答え方〉

Is there something you've always wanted to try? の返答は，単に名詞で答えるか，4）のように（"I've always wanted to" を略して）"動詞の原形" かのどちらかです。

他の映画のセリフから

『Star Wars: Episode Ⅰ ―The Phantom Menace（1999） スター・ウォーズ エピソード1／ファントム・メナス』

Like what? ―You figure it out.
たとえば？ ―― 自分で考えなさい。
＊figure out　わかる
＊You figure it out.　君が何とかしろよ。
◆【場面】"自分は関係ない" という気持ちを込めたいとき。

『Alien（1979）　エイリアン』

There are still some things to do. ―Like what?
やらなければならないことがまだいくつかある。―― 例えば？
＊still　まだ

Lesson 1

次の日本語を英語にして **Like what?** と聞き返してみましょう。

1）そんな風じゃだめだよ。
2）当を得た質問をしなくてはね。
　＊right question　当を得た質問
3）多分，君と健ちゃんは僕の知らないことを知っているよ。

答え

1）Don't be like that.
2）You have to ask the right question.
3）Maybe you and Ken know something I don't know.

Lesson 2

次の日本語を瞬時に英語にして，声に出して言ってみましょう。繰り返し練習してください。

1）たとえば？
2）ずっとやりたいと思っていたことをいくつか出来ればいいと思っています。
3）自分のためにもっと時間を使おうかな。
4）私は母にかなり似ています。
5）以前からずっと挑戦したいと思っていることはありますか？
6）えー，たくさんありますよ。
7）実際，雨のパリは最も美しい。
8）君が何とかしろよ。
9）やらなければならないことがまだいくつかある。
10）そんな風じゃだめだよ。
11）当を得た質問をしなくてはね。
12）多分，君と健ちゃんは僕の知らないことを知ってる。

答え

1）Like what?

35 (552) Like what?

2) I could do some of the things I've always wanted to.
3) I would spend more time for myself.
4) I'm quite {a lot} like my mother.
5) Is there something you've always wanted to try?
6) Well, there are a lot of things (tons of things / numerous things).
7) Actually Paris is the most beautiful in the rain.
8) You figure it out.
9) There are still some things to do.
10) Don't be like that. / You shouldn't be like that.
11) You have to ask the right question.
12) Maybe you and Ken know something I don't know.

Key Sentence 36 (556)

Tell you what.

ではこうしましょう。

ポイント

* Tell you what.　相手の取るべき行動について助言するときの前置き
* こうしたらいいですよ［どうですか］。＝ I'll tell you what.

Lesson 1

次の日本語を英語にして **Tell you what.** に続けて，言ってみましょう。

1）トイレに行って，お化粧直してくるわ。
　　＊powder one's nose　お化粧直しする
2）私たち，これを一緒にするのよ。
3）あなたは反対の方角に行きなさい。
　　＊go the other way　反対の方角に行く
4）お金のことは忘れるんだ。
5）今日仕事が終わったらジェリー（Jerry's）の店で私に会ってくれ。

答え

1）Tell you what. I'm going to go to the bathroom and powder my nose.
2）Tell you what. We'll do this together.
3）Tell you what. You go the other way.
4）Tell you what. Forget the money.
5）Tell you what. Meet me after work today at Jerry's.

36 (556) Tell you what.

> キーセンテンスが登場する場面の近くから

#556　Why don't we do all those things … together.
　　　そういうの全部やろうよ，一緒に。

(#558)　Today's gonna be a holiday.
　　　今日は休みにするから。

＊be going to do
　今の時点であらかじめ決まっていることや確信していることを表す時に使えます。くだけた話し言葉では，'going to' は 'gonna' になります。

例文
1) She's not going to be back for a couple of hours.
   彼女は2〜3時間，戻らないと思います。
2) This is going to be fun!
   これは面白くなるぞ！
3) I'm going to visit my parents.
   両親を訪ねるところです。

他の映画のセリフから

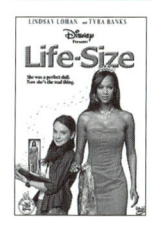

『Life-Size（2000）　スーパードール／パパが人形に恋をした』
All the things we used to do together.
昔，一緒にやっていた色んなこと。
＊used to do　よく〜したものだ，以前は〜したものだった

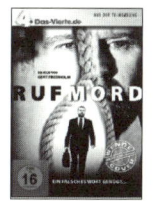

『Dommeren（2005）　ザ・ジャッジ』
He talks about all the things we're going to do together.
彼は，僕たちがこれから一緒にやることについて全て話します。

『Family Guy Presents Stewie Griffin: The Untold Story (2005)』

A: Get up …
　起きてよ。
　Don't you have to work?
　仕事に行かなくていいのかい？

B: I work at night.
　夜勤だよ。

A: I see, you must be working in a night-club.
　なるほど，ナイトクラブで働いているんだね。
　＊I see. なるほど。／そうか。

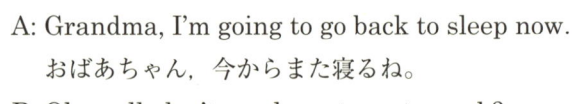

『Grandma's Boy (2006) グランマズ・ボーイ』

A: Grandma, I'm going to go back to sleep now.
　おばあちゃん，今からまた寝るね。

B: Oh, well, don't you have to go to work?
　あら，それなら，仕事に行かなくていいんだね？

#560　First wish … one sidewalk cafe … coming right up.
　まず最初の望みは…カフェテラス…かしこまりました。
　I know just the place―Rocca's.
　ちょうどいいところを知っているよ。ロッカの店だ。

＊Coming right up. すぐに出来上がります。／すぐに参ります。
　Let's go. と同じ意味で使っているわけではありません。ジョーは自分が召使いになったつもりで言っていますので「お望みを今すぐ叶えますね」という意味で言っています。レストランやカフェの店員が，客の注文を聞いた時にもこう言います。

＊I know just the place. ちょうど良いところを知っているよ。
　※ 決まり文句

※〜's　お店の名前には，'s が必ず付きます。
　例　McDonald's, Denny's

36 (556) Tell you what.

🎬 他の映画のセリフから

『Mrs. Doubt (1993) ミセス・ダウト』

Sellner: I take sugar in my tea.
　　　　私，紅茶には（いつも）お砂糖を入れますの。
Doubtfire: Oh, your tea! I'll be right there with your tea! Coming right up, dear!
　　　　はい，紅茶ですね！ 紅茶を持ってすぐにそちらに参ります。ただ今！

『Good Will Hunting (1997) グッド・ウィル・ハンティング／旅立ち』

A: I was wondering maybe we could get together, um, sometime this week. You know, sit out at a cafe. Maybe have some caramels.
　　君に会えるといいなって思うんだけど，今週中にでも。あのさ，カフェに座ってね。キャラメルなんか食べてもいいかなって。
B: Oh, that sounds wonderful.
　　あら，素敵だわ。
A: Yeah?
　　そうかい？

＊I was wondering (maybe) 主語＋動詞.
　　〜はいかがでしょう。
＊sometime this week　今週のいつか，今週中
＊get together　会う，集まる，一緒になる
＊That sounds〜．　〜に聞こえる／〜に思える。
　　例文　That sounds interesting.
　　　　　それは面白そうですね。

> 🎬 **コーヒーブレイク7**
> アメリカ人が大好きな caramel（キャラメル）。おしゃれなカフェで頂くキャラメルと言えば，chocolate-covered caramel や caramel bar です。

レベルアップ

〈思考を表す動詞(wonder, think)や希望・願望を表す動詞(hope)〉

相手に対する丁寧さは，現在形よりも過去形，単純形よりも進行形の方が強くなります。進行形は一時的なことを示すので，ためらいの態度が出，提案を控え目にし，断定的に響かないようにする働きがあります。

- **例** I was hoping you could help me.
  あなたが私を助けてくれればと思っているのですが。
  （助けて頂けないでしょうか。）

1500語でこんなに話せる！

① 僕たち，話せないかと思って。
  I was thinking maybe we could talk.
② ちょっとした質問をしても良いでしょうか。
  I was wondering if I could ask you a quick question.
  ＊quick question 簡単な質問，ちょっとした質問
③ 僕たち，休暇に出かけてはどうかと思うんだ，二人きりでね。
  I was thinking, maybe we could go on vacation, just the two of us.
  ＊go on vacation　休暇に出かける
    cf) take a vacation　休暇を取る
  ＊just the two of us　二人きりで

他の映画のセリフから

『Aces: Iron Eagle III（1992）エイセス／大空の誓い』
I know just the place for it.
それにふさわしい場所を知っているよ。

36 (556) Tell you what.

『Over Her Dead Body（2008） オーバー・ハー・デッド・ボディ』

A: It's your treat, so, you know … I'm gonna let you choose.
あなたのおごりよ。だから……あなたに選ばせてあげる。

A: Oh, well, in that case, I just … I know just the place, actually.
じゃあ，そういうことなら，私はまさに相応しいところを知っているよ，ホントにね。

＊in that case　そういうことなら，その場合

Lesson 2

次の日本語を瞬時に英語にして，声に出して言ってみましょう。繰り返し練習してください。

1）いいかい，そういったこと全てをやってはどうだろう，一緒に。
2）だけど，仕事しなくてもいいのですか？
3）仕事だって？　いいんだ，今日は休日にするよ。
4）それにちょうどいいところを知っているよ。
5）あなたが私を助けてくれればと思っているのですが。
6）今週いつか会えるといいなと思うんだけど。
7）あら，素敵だわ。
8）いつも紅茶には砂糖を入れます。
9）紅茶を持ってすぐに参ります。ただいま！
10）昔，一緒にやっていた色んなこと。
11）彼は，僕たちがこれから一緒にやることについて全て話します。
12）夜勤なんだ。
13）なるほど，ナイトクラブで働いているんだね。
14）あなたのおごりよ。だから……あなたに選ばせてあげる。
15）じゃあ，そういうことなら，私はちょうどいいところを知ってるよ。ホントにね。

16) あのね，トイレに行って，お化粧直してくるわ。

17) いい，私達，これを一緒にするのよ。

18) こうしよう。あなたは反対の方角に行きなさい。

19) いいかい，お金のことは忘れるんだ。

20) いいかい，今日仕事が終わったらジェリーの店で私に会ってくれ。

答え

1) Tell you what. Why don't we do all those things ... together.

2) But don't you have to work?

3) Work? No, today's gonna be a holiday.

4) I know just the place for it.

5) I was hoping you could help me.

6) I was wondering maybe we could get together sometime this week.

7) Oh, that sounds wonderful.

8) I take sugar in my tea.

9) I'll be right there with your tea! Coming right up.

10) All the things we used to do together.

11) He talks about all the things we're going to do together.

12) I work at night.

13) I see, you must be working in a night-club.

14) It's your treat, so, you know ... I'm gonna let you choose.

15) In that case, I just ... I know just the place, actually.

16) Tell you what. I'm going to go to the bathroom and powder my nose.

17) Tell you what. We'll do this together.

18) Tell you what. You go the other way.

19) (I'll) Tell you what, forget the money.

20) Tell you what. Meet me after work today at Jerry's.

Key Sentence 37 (599)

Aren't you gonna introduce me?

僕を紹介してくれないのかい？

※Aren't you going to do?　～しないつもりですか？

　[例文]　Aren't you going to say thank you?
　　　　　お礼は言わないつもり？／お礼は言うわよね？

　＊誰かから物をもらった子供がお礼を言わない時に「お礼は言わないの？」としつけることがあると思うのですが，まさにそれがこの表現です。

　[参考]　Why don't you say thank you?
　　　　　お礼を言ってはどう？／お礼を言いましょう。

※Introduce A to B　A を B に紹介する

キーセンテンスが登場する場面の近くから

#596　Am I glad to see you!
　　　　君に会えてなんて嬉しいんだろう！

※Am I 形容詞 to do! ＝ How 形容詞 I am to do!

🎬 他の映画のセリフから

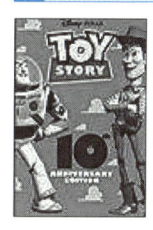

『Toy Story（1995）　トイ・ストーリー』

A: Am I glad to see you guys.
　　君達に会えてなんて嬉しいんだろう。
B: I knew you'd come back, Woody.
　　ウッディ，君が戻ってくると思っていたよ。
C: What are you doin' over there?
　　あそこで何やっているだい？
A: It's a long story. I'll explain later.
　　話せば長くなるんだ。後で説明するよ。

＊It's a long story.
話せば長くなります。／いろいろあってね。

> #597　Why ... did you forget your wallet?
> 　　　　財布を忘れてきたのか？

＊wallet：札を折っていれる財布
＊purse：札が折れずに入る財布，ハンドバッグ（男女とも）
＊I('ve) forgot my wallet. と I('ve) left my wallet.
　"〜を忘れてきた"を表すのに "I forgot〜." ではなく "I left〜." を使うネイティブもいます。

Lesson 1

　次の日本語を瞬時に英語にして，声に出して言ってみましょう。繰り返し練習してください。
1 ）財布を忘れてごめんね。
2 ）財布を忘れてきてしまいました。
　　＊I'm afraid　を使って
3 ）あなた，遅れるのではないかしら？
4 ）そんなことないよ。／そうは思わない。

答え
1 ）Sorry I('ve) forgot my wallet.
2 ）I'm afraid I've left my wallet.
3 ）Aren't you going to be late?
4 ）(No,) I don't think so.
　参考　　Isn't ... ?
　例文　　A: Isn't that something?
　　　　　　それってすごいことだろ？

B: That's incredible!
　信じられないくらいすごいです！

🎬 他の映画のセリフから

『Back to the Future Part II（1989）
　　　　バック・トゥ・ザ・フューチャー PART 2』

A: Doc. Am I glad to see you.
　ドク，あなたに会えてなんて嬉しいんだろう。

B: Go out the front door. I'll meet you there.
　玄関口から出るんだ。そこで会おう。

『Elf（2003）　エルフ』

A: Buddy, is that you? Are you okay?
　おい，君かい？　大丈夫か？

B: Boy, am I glad to see you.
　わあ，君に会えてなんて嬉しいんだろう。

　＊buddy　①（呼びかけ）おい，君　②仲間，友達
　＊boy　〔間投詞〕〔歓喜・驚き・落胆などを表して〕
　　　わあ，いやはや，おや，へえー，まったく

『Imagine Me & You（2005）　四角い恋愛関係』

A: Oh, you are home.
　あら，戻ってたんだ。

B: Hi.
　やあ。

A: Oh, God. Am I glad to see you.
　あら，会えて嬉しいわ。

『Serving Sara（2002）　エリザベス・ハーレーの明るい離婚計画』

A: Boy, am I glad to see you two.
　わあ，君たち二人に会えてなんて嬉しいんだろう。

B: Really?
　本当？

『Inside Man（2006）インサイド・マン』

A: And since when is your job more important than your career? Or did you forget our arrangement?
いつから，仕事が，自分のキャリアよりも大事になったんだい？　それとも，我々の約束を忘れたのかい？

B: We didn't have any arrangement.
私達は何も約束をしていませんでしたが。

『Planet of the Apes（1968）猿の惑星』

Did you forget our appointment, Cornelius?
コーネリアス，我々の約束を忘れたのか？

『The Holiday（2006）　ホリデイ』

Amanda: Turn around and go back, please!
来た道を戻って，お願い。

Chauffeur: Did you forget something?
何か忘れものでもしましたか？

Amanda: Yes! Yes.
ええ！　そうよ。

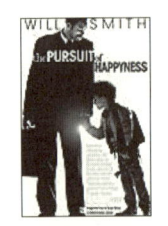

『The Pursuit of Happyness（2006）　幸せのちから』

A: Did you forget?
何か忘れたの？

B: Forget what?
何を忘れたって？

『Justin Bieber: Never Say Never（2011）
　　　　ジャスティン・ビーバー　ネヴァー・セイ・ネヴァー』

Did you forget all the plans that you made with me?
君は僕と立てた計画を全て忘れてしまったのかい？

＊make plans　計画を立てる

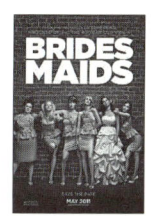

37 (599) Aren't you gonna introduce me?

『Bridesmaids (2011) ブライズメイズ 史上最悪のウェディングプラン』
Did you forget to take your Xanax this morning?
今朝，ザナックスを飲むの忘れたの？
＊ザナックス　◆向精神薬 alprazolam の商品名

『3 Ninjas Knuckle Up (1995)　クロオビキッズ／夏休み決戦！』
Aren't you gonna introduce me to your friends?
僕のこと，君の友達に紹介してくれないの？
＊introduce A to B　A を B に紹介する

『Just Friends (2005)　ジャスト・フレンズ』
A: Hey, lover, aren't you gonna introduce me, huh?
　　恋人よ，私のことを紹介してくれない気かい？
B: Yes! Samantha, these are my old friends.
　　そんなことないよ！　サマンサ，こちらは僕の昔からの友達だよ。

『Stuck On You (2003)　ふたりにクギづけ』
A: Oh, aren't you gonna introduce me to your best friend?
　　あら，あなたの親友に私を紹介してくれないの？
B: Hi, name's Bob Tenor.
　　初めまして，ボブ・テナーです。
A: Yeah, I know who you are.
　　ええ，あなたが誰だか知っていますよ。

Lesson 2

　次の日本語を瞬時に英語にして，声に出して言ってみましょう。繰り返し練習してください。
1）私に紹介してくれないの？

2) あなたの親友に私を紹介してくれないの？
3) 君に会えてなんて嬉しいんだろう！
4) あなた達（you guys）に会えてなんて嬉しいんだ。
5) あなたが戻ってくるとわかっていたわ。そこで何をしていたの？
6) 話せば長くなります。後で説明するから。
7) 遅れるんじゃないの？
8) 遅れるわよ。――そんなことないよ。
9) お礼を言わないつもり？
10) お礼を言ったらどう？
11) それってすごいだろ？――（信じられないくらい）すごいです。
12) 玄関口から出るんだ。そこで会おう。
13) あなたなの？　大丈夫？
14) 何を忘れたって？
15) 来た道を戻って，お願い。
16) 何か忘れものでもしましたか？――ええ，そうよ！
17) 君は僕と立てた計画を全て忘れてしまったのかい？
18) サマンサ，こちらは僕の旧友だよ。(「旧友」を複数形で)
19) 初めまして。僕の名前はボブ・テーナーです。
20) あなたが誰だか知っていますよ。

> 答え

1) Aren't you gonna introduce me?
2) Aren't you gonna introduce me to your best friend?
3) Am I glad to see you! = How glad I am to see you!
4) Am I glad to see you guys.
5) I knew you'd come back. What are you doing over there?
6) It's a long story. I'll explain later.
7) Aren't you going to be late?
8) You'll be late. ―I don't think so.
9) Aren't you going to say thank you?
10) Why don't you say thank you?

37 (599) Aren't you gonna introduce me?

11) Isn't that something? —That's incredible!
12) Go out the front door. I'll meet you there.
13) Is that you? Are you okay?
14) Forget what?
15) Turn around and go back, please!
16) Did you forget something? —Yes! Yes.
17) Did you forget all the plans that you made with me?
18) Samantha, these are my old friends.
19) Hi, (my) name's Bob Tenor.
20) I know who you are.

Key Sentence 38 (605)

You're a dead ringer for～.

あなたって～にそっくりね。

ポイント

＊a dead ringer for～　～に瓜二つ

(例文)　Elena, she's a dead ringer for Katherine.
「ヴァンパイア・ダイアリーズ1」

＊「とてもよく似ている人」「生き写し」という意味で dead は強意語。

（強意語の例）　dead right, dead wrong, dead tired

(例文)　I think he is a dead ringer for Brad Pitt.
彼はブラッド・ピットにとてもよく似ていると思うわ。

〈"似ている"を表すその他の表現〉

＊look (just / exactly) like～

（まさしく）～にそっくり身体的特徴が似ている

(例文)　You look like him. Your dad.
あなた，彼にそっくりね。父親に。

＊take after～

性格や仕草が似ている

(例文)　You almost take after your granddad.
あなっておじいちゃんにまるでそっくりね。

キーセンテンスが登場する場面の近くから

#606　I guess I'll～.
～だと思う。／～でしょう。

38 (605) You're a dead ringer for～.

🎬 他の映画のセリフから

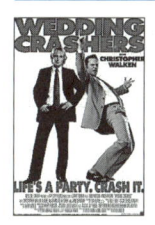

『Wedding Crashers（2005） ウェディング・クラッシャーズ』

A: You're going.
　もう行くのね。

B: So, I guess I'll see you later.
　ではまたお会いするということで。

C: See you later.
　後で。

B: Just take it easy, okay?
　無理しないでくださいね。

A: Okay.
　では。

キーセンテンスが登場する場面の近くから

#607　Join us.
　　　　どうぞ一緒に。

＊join 人（for / in～）　～に参加する

[例文]　Strasser: Good evening, Captain.
　　　　　　　　　こんばんは，キャプテン。

　　　　Officer: Won't you join us?
　　　　　　　　　ご一緒にいかがですか？

　　　　Captain: Thank you. It's a pleasure to have you here.
　　　　　　　　　ありがとうございます。ここにあなたをお迎え出来て光栄です。

　　　　『カサブランカ』

　　　　＊Won't you～?　～しませんか？
　　　　　※won't なので丁寧な誘いの表現となります。

Lesson 1

Won't you join〜? を使って以下の日本語を英語で言いましょう。
1) 私と一緒にシャンパンでもいかがですか？
2) 私達と一杯いかがですか？

答え

1) Won't you join me in some champagne?
2) Won't you join us for a drink?

Lesson 2

次の日本語を瞬時に英語にして，声に出して言ってみましょう。繰り返し練習してください。
1) あなた，彼にそっくりね。父親に。（見た目が）
2) あなたっておじいちゃんにまるでそっくりね。（性格や仕草が）
3) もう行くのね。
4) ではまたお会いするということで。
5) 後でね。
6) 無理しないでね。
7) ご一緒にいかがですか？
8) ここにあなたをお迎え出来て光栄です。

答え

1) You look like him. Your dad.
2) You almost take after your granddad.
3) You're going.
4) So, I guess I'll see you later.
5) See you later.
6) Take it easy, okay?
7) Won't you join us?
8) It's a pleasure to have you here.

Key Sentence 39 (657)

What's that got to do with it?

あれはそれと何の関係があるの？

ポイント

* What's that got to do with it? / What has that got to do with it?
  あれとそれは何の関係があるんだい？→何の関係もないだろ。
  ＝That's got nothing to do with it.
  ※決まり文句
* （主語）は〜と関係／関連がある
  have got something to do with〜 / have something to do with〜
  ※something を，anything, nothing, a lot, much など文脈に合わせて変化させて使います。

キーセンテンスが登場する場面の近くから

#655　Take your hands off me.
　　　手を放してくれ。

Lesson 1

'have〜to do with ...' を使って以下の日本語を英語で言いましょう。
1）彼はこれと何か関係がある。
2）彼はこれと大いに関係がある。

答え

1）He has something to do with this.

2）He has much [a lot] to do with this.

Lesson 2

次の日本語を瞬時に英語にして，声に出して言ってみましょう。繰り返し練習してください。
1）愛はそれと何の関係があるの？
2）私はこれと何の関係もありません。
3）これはあなたと関係があると思います。

答え
1）What's Love Got To Do With It?（Tina Turner の歌のタイトル）
2）I have nothing to do with this.
3）I think this has (got) something to do with you.

参考　do を使った表現で覚えておきたい違い
＊"do something to（人）"は人に対して悪いことをする時，"do something for（人）"は人に対して良いことをする時に使います。

他の映画のセリフから

『Armageddon（1998）アルマゲドン』
A: You can't do this to me!
　　それはないでしょう／こんな仕打ちはあんまりだ。
B: It's my job! You go take care of my little girl now. That's your job.
　　俺の仕事だからな！　おまえは行って，俺の娘の面倒を見るんだ。それがおまえさんの仕事だぞ。

39 (657) What's that got to do with it?

『Something's Gotta Give (2003) 恋愛小説家』

A: Why did you do this for me?
　私のためにこれをしてくれたのかい？
B: So you'd come back to work.
　そうすればあなたが仕事に戻れると思って。

キーセンテンスが登場する場面の近くから

#678　Let's go to work.
　　　仕事に取りかかろう。

＊go to 名詞　〔仕事・行動などに〕取りかかる，〔…を〕始める

　※work ここでは名詞の「仕事」

　go to work = get to work

参考　go to〜　"〜に行く"の意味もあります。

Lesson 1

go to〜を使って以下の日本語を英語で言いましょう。

1）仕事に行きましょう。
2）映画を見に行こう。
3）今晩カラオケに行きましょう。
　　（カラオケ→カラオケ・バー　karaoke bar）

答え

1）Let's go to work.
2）Let's go to a movie.
3）Let's go to a karaoke bar tonight.

> キーセンテンスが登場する場面の近くから

#682　**Joe fixed it.**
　　　　ジョーが直してくれました。

＊fix は基本的に"簡単に，さっと直る"場合に使います。fix（やり直す，軌道修正する）の後に使われる言葉は make-up（化粧），bike（repair するほどでない時），marriage（結婚生活）や life などです。

Lesson 1

fix を使って次の日本語を英語で言ってみましょう。
1）この状況，あなたがなんとかしなさいよ。
2）髪を直します。
3）自分の人生を軌道修正したいが，どうしたらよいかわからない。

答え

1）You have to fix this (situation).
2）I'm going to fix my hair.
3）I want to fix my life, but I don't know how.
　　＊I don't know how.　どうしたら良いかわからない

1500語でこんなに話せる！

＊how　どのようにして，どのような方法で，いかにして
　① どうすればいいかわからない。
　　 I don't know how.
　② どうやって分かるの？／どうしてそうだと分かるんだい？
　　 How can you tell?
　③ どうしたら私がお役にたてますか？／いらっしゃいませ。
　　 How can I help?

Key Sentence 40 (683)

You won't believe this but … it's my very first.

信じられないでしょうが，本当に初めてです。

ポイント

＊You won't believe this, but～. （こんなこと）信じないと思うけど，～。
this の内容は but 以下にあります。

[例文] ① You won't believe it, but when I say it, I mean it.
信じないと思うけど，僕が言うときは本気だよ。
＊I mean it. 本気だ。

② You won't believe this, but I'm actually on this crowded train right now. It's totally crazy.
※自国で電車に乗ったことさえなかったアメリカ人の，来日直後初めて満員電車に乗った時の感想です。
＊crowded train 満員電車 ＊right now たった今
＊It's totally crazy. は "ホントにとんでもない状態だ。" という意味です。

＊one's very first （本当に）最初の
※very は first を強調しています。

Lesson 1

one's very first を使って，次の日本語を英語にして言ってみましょう。
1) 歌舞伎を見るのは，これがまさに初めてだ。
2) 日本を訪れるのはこれがまさに初めてですか？

答え

1) This is my very first to see Kabuki.
2) Is this your very first visit to Japan?

コーヒーブレイク8

"crazy" には以下のように色々な意味があります。

① 狂った／正気でない
② すごい／最高の
③ 〜に夢中になる／熱狂する
　[例文] I'm crazy about her.
　　　　俺，彼女に夢中なんだ。
④ 非常に忙しい
　[例文] Things have been crazy lately.
　　　　最近，とても忙しいんだ。

他の映画のセリフから

『Star Trek: Insurrection（1998）　スター・トレック』

A: When this is over, I owe you a drink.
　これが終わったら，君に一杯おごるね。
B: Let's get to work.
　仕事に取りかかるわよ。
　＊owe 人＋物　（人）に（物）をおごる

『The Recruit（2003）　リクルート』

A: Let's go to work!
　仕事に取りかかるぞ！
B: You turn your cell phone off?
　携帯電話は切った？
A: I didn't bring it.

40 (683) You won't believe this but … it's my very first.

携帯は持って来ませんでした。

B: Good.

よし。

＊turn〜off 〜を切る⇔turn〜on 〜をオンにする

『Marci X（2003） マーシーX フレンズ以上，恋人未満!?』

It's my very, very first time. And I'm just not very musical.

まさに初の初なんです。それに，私はあまり音楽の才能があるわけではないので。

＊musical 音楽の才能がある

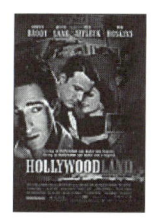

『Hollywoodland（2006） ハリウッドランド』

That was my very first paid acting role.

あれは，私がまさに初めてお金をもらって演じた役でした。

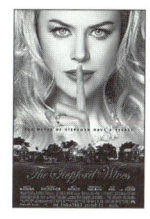

『The Stepford Wives（2004） ステップフォード・ワイフ』

I've written my very first book of poetry.

私は，初めて詩の本を書きました。

Lesson 2

次の日本語を瞬時に英語にして，声に出して言ってみましょう。繰り返し練習してください。

1) 仕事に取りかかろう。
2) 髪を直します。
3) 俺，彼女に夢中なんだ。
4) 最近，とても忙しい。
5) 信じないと思うけど，私，これ本当に初めてなの。

6）私は本当に本当に本当に生まれて初めてキャビアを食べた。
　　＊one's (whole) life　一生，生涯
7）私の両親は初めて会った時から奈緒を気に入っていました。
8）奈緒は私の最初のサポーターでした。

答え

1）Let's go to work.
2）I'm going to fix my hair.
3）I'm crazy about her.
4）Things have been crazy lately.
5）You won't believe this, but this is my very first.
6）I ate my very first caviar of my whole life, ever, ever, ever.
7）My parents loved Nao from the very first time they met her.
8）Nao was my very first supporter.

キーセンテンスが登場する場面の近くから

#689　What's the verdict?
　　ご意見は？／それでどうだった？

＊何かについての評価を聞きたい時に使える表現です。試験の合否，お料理の味についてなど，様々な場合で使えます。

#690　(There's) Nothing to it.
　　大したことありません。／お安いご用です。

#696　I'll pick this one up.
　　これは私が払います。

＊pick up a bill / tab / check　お勘定を払う

#697　You can afford it.
　　君，払えるよね。

40 (683) You won't believe this but … it's my very first.

* afford~　～のゆとりがある
  - 参考　afford to do　～するゆとりがある
  - 例文　I can't afford to do that.
    そんなことするゆとりはありません。

#736　Let's see you do it.
　　　あなた，やってみせて。

---

* see＋人＋動詞の原形　（人）が～するのを見る

#751　Make a wish?
　　　願い事するかい？

---

* make a wish　願い事をする
  - 例文　Blow out the candles and make a wish.
    ろうそくを吹き消してお願いをしてごらん。〈誕生日に〉

#753　Well, what now?
　　　さて，今度は何だい？

---

* What now?　今度は何だい？／さて，どうしましょう？
  - 参考　Now what?　だからどうすればいいの［どうなるの］？

#756　Couldn't we go over tonight?
　　　今晩，行くことは出来ないかしら？

---

* go over　ある場所へ行く
  - 参考　go over～　～を調べる

#766　Good luck with the big development.
　　　現像，頑張ってね。

---

* Good luck with~.　～に幸運あれ，～の幸運を祈る
* Good luck to(人)!　～に幸運を！
* development　（写真の）現像，発展

#754　I've heard of a wonderful place for dancing... on a boat.
　　　船の上でダンスが出来る素晴らしい場所のことを聞いたの。

#774　I never heard of anybody so kind.
　　　そんなに親切な人がいるなんて，聞いたことがありません。

＊hear of～　～について聞く，～についてのうわさを聞く［耳にする］
　参考　hear about～　～について聞く，（人）の消息を聞く

#775　It wasn't any trouble.
　　　面倒ではなかった。

＊trouble　めんどう／骨折り

#795　Did I miss something?
　　　なにも見逃さなかったですね？

＊miss～　～を見逃す，～が恋しい
　例文　I miss you.
　　　　あなたがいなくて恋しい。
　　　　I miss you already.
　　　　もうあなたのことが恋しい。
　　　　("離れ離れになることがわかっただけで恋しい" という時に使います。)

#796　You're just in time.
　　　あなたはちょうど間に合いましたよ。

＊be in time　時間内に，間に合って
　参考　be on time　時間通りに

40 (683) You won't believe this but … it's my very first.

#816　You weren't so bad yourself.
　　　あなただってそんなに悪くなかったわ。

＊not so〜　そんなに〜ではない
＊oneself　自分自身
　参考　be onself　自然に振る舞う，地でいく，本来の自分に戻る
　例文　I wasn't myself.
　　　　私，どうかしてたの。

#817　Get out of here.
　　　ここから出て行きなさい。

＊Get out of here.　①　ここから出て行け。②　よく言うよ。／まさか。
＊get out of〜　〜から外へ出る

Key Sentence 41 (819)

(Is) Everything ruined?

全て，だめになった？

場面の背景▶ジョーの部屋に戻って

ポイント

＊be ruined　台無しになる，だめになる
　Cf) ruin　台無しにする，だめにする

他の映画のセリフから

『The Chronicles of Narnia（2005）
　　　　　ナルニア国物語／第1章ライオンと魔女』

A: Couldn't I have some more now?
　今，もう少し頂くことはできませんか？
B: No! Don't want to ruin your appetite.
　だめよ！　食欲をなくしたくないでしょ。

『The Prestige（2006）　プレステージ』

Don't ruin this evening.
今宵を台無しにしないでくれ。

『Avatar（2009）　アバター』

This is gonna ruin my whole day.
これじゃ，私の一日は台無しになるだろう。

41 (819) (Is) Everything ruined?

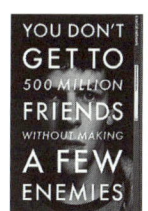

『The Social Network（2010） ソーシャル・ネットワーク』
You don't wanna ruin it with ads because ads aren't cool.
広告がクールじゃないから，広告をつけてダメにしたくないだろ。

『Thirteen Days（2000） 13デイズ』
And it's gonna ruin any chance.
それはどんなチャンスでもダメにするだろう。

キーセンテンスが登場する場面の近くから

#820　They'll be dry in a minute.
　　　すぐに乾くよ。

＊in a minute / second (sec)　すぐに
例文　I'll be back in a sec (ond).
　　　すぐに戻ります。

#822　Seems I do.
　　　そのようね。

＊前文の動詞を受けて do となっています。
　前文（#821）You should always wear my clothes.
＊(It) Seems (that) 主語＋動詞. ＝ 主語 seem(s) to do.
　〜のようだ。／〜の気がする。

Lesson 1 ①

(It) seems (that) S＋V. を使って以下の日本語を英語で言いましょう。
1) みんな，楽しい時間を過ごしているようです。

＊楽しい時間を過ごす　have a good time

答え

1) It seems (that) everyone is having a good time. / Everyone seems to be having a good time.

参考　(It) seems＋〔形〕．　～らしい。

Lesson 1 ②

次の語を英語にして，**(It) seems～.** に続けて言ってみましょう。

1) それは間違っているようだ。
2) それは合っているようだ。
3) 大丈夫なようだ。

答え

1) It seems wrong.
2) It seems right.
3) It seems all right / OK / fine.

他の映画のセリフから

『Good Will Hunting（1997）　グッドウィル・ハンティング』
It seems to be going well. ―I think so.
うまくいっているようだね。――そう思うよ。
＊go well　うまくいく

『Casablanca（1942）　カサブランカ』
It seems that destiny has taken a hand.
運命が手を結んだかのようだ。
＊take a hand　手を結ぶ

Lesson 2

次の日本語を瞬時に英語にして，声に出して言ってみましょう。繰り返し練習してください。

1）すべてだめになった？
2）らしいわね。
3）今，もう少し頂くことは出来ませんか？
4）食欲をなくしたくないでしょ。
5）みんな，楽しんでいるようだ。
6）間違っているように思える。
7）今宵を台無しにしないでくれ。
8）これで僕の一日が台無しになってしまう。
9）それはどんなチャンスでもダメにするだろう。
10）すぐに戻ります。
11）うまくいっているようだね。——そう思うよ。
12）運命が手を結んだかのようだ。

答え

1）(Is) Everything ruined?
2）Seems I do. / It seems.
3）Couldn't I have some more now?
4）(You) Don't want to ruin your appetite.
5）Everyone seems to be having a good time. / It seems (that) everyone is having a good time.
6）It seems wrong.
7）Don't ruin this evening.
8）This is gonna ruin my whole day.
9）It's gonna ruin any chance.
10）I'll be back in a sec.
11）It seems to be going well. —I think so.
12）It seems that destiny has taken a hand.

コーヒーブレイク9

英語圏の人々に "What ruins your day?" と聞いてみました。その返答をご紹介します。

Q: What ruins your day?
あなたの一日を台無しにするのは何ですか？

A: Waking up.　朝起きること。

Rain.　雨。

Sunshine.　太陽。

Seeing someone I dislike.
　好きではない人を見かけること［好きでもない人と会うこと］。

When people cancel plans at the last minute.
　ドタキャンされた時。
　＊cancel〜at the last minute　ドタキャンされる

When my phone rings before the alarm clock goes off.
　目覚まし時計が鳴るよりも前に電話が鳴った時。
　＊alarm clock　目覚まし時計
　＊go off　鳴る

Not really anything.　何もなし。

日本人の返答はこちらです。

　Stepping on pet droppings.　犬や猫のフンを踏むこと。
　A run in my pantyhose.　ストッキングが伝線すること。
　Getting gum on my shoe.　靴にガムが付くこと。

Key Sentence 42 (821)	Suits you.
	君に似合うよ。

ポイント

* **(It) Suits you.** ≒ **You look good in it.**
  〜が（人に）似あう。
* 人 look good in 物

〈前置詞が on なのか in なのかといつも悩んでしまう方へ〉

　人と服の位置関係を考えましょう。人は服の中にいるので in になります。

他の映画のセリフから

『The Man in the Iron Mask（1998）　仮面の男』

Does your new apartment suit you?
君の新しいアパートは君にぴったりかい？

Lesson 1 ①

次の語を英語にして，〜suits you. の〜に入れて言ってみましょう。

1）このドレス，君に似合うよ。
2）あなたの時計，似合ってるわ。
3）あなたのヘアカット，似合ってるよ。

答え

1) This dress suits you.
2) Your watch suits you.
3) Your haircut suits you.

参考
① Either way suits me.
　どちらでも結構です。
② It suits me (fine).
　それは私に合っています。→賛成です。／それでいいです。

Lesson 1 ②

次の日本語を瞬時に英語にして，声に出して言ってみましょう。繰り返し練習してください。

1) それは君に似合うよ。
2) このドレス，似合ってるよ。
3) ヘアカット，似合うね。
4) どちらでも結構です。
5) それでいいです。／OK です。

答え

1) (It) Suits you. = You look good in it.
2) This dress suits you.
3) Your haircut suits you.
4) Either way suits me.
5) It suits me (fine).

Key Sentence 43 (824)

Shall I cook something?

何かお料理しましょうか？

ポイント

＊Shall I～?　～しましょうか？

相手の様子を見て「～してさしあげましょうか？」という問いかけをしたい時に使います。（May I～?については#213を参照ください。）

[参考]

肯定文でのshall：～でしょう（単純未来），～することになろう（意思未来）アメリカ英語でのwillを使うところを，イギリス英語ではshallにする傾向があります。

[例文]　あなたに会えなくてとても寂しいです。
① I shall miss you very much.（イギリス英語）
② I will miss you very much.（アメリカ英語）

他の映画のセリフから

『The King's Speech（2010）　英国王のスピーチ』

King: Shall I see you next week?
　　　（では）来週お会いしましょうか？
Lionel: I shall see you "every day".
　　　"毎日" お会いすることになります。

> **キーセンテンスが登場する場面の近くから**
>
> #825　Nothing to cook. I always eat out.
> 　　　料理するものは何もないんです。いつも外食するもので。

＊Nothing to cook. と Nothing to cook with. の違い

　Nothing to cook.　　料理するもの（食材）がない。

　Nothing to cook with.　料理する道具がない。

＊eat out ⇔ eat in　外食する⇔中で食べる

Lesson 1

nothing to を使って以下の日本語を英語で言いましょう。

1）電子レンジ以外，料理する道具がありません。（電子レンジ　microwave）
　　＊～をのぞいて　except～
2）恐れることは何もない。（There's～.）
3）書くことが何もありません。（I have～.）

答え

1）I have nothing to cook with, except a microwave.
2）There's nothing to fear.
3）I have nothing to write.
　　＊nothing to write　書くもの（内容，考え，事実など）がない
　　＊nothing to write on　書くもの（紙，メモ用紙など）がない
　　＊nothing to write with　書くもの（ペン，鉛筆，筆などの道具）がない

> **キーセンテンスが登場する場面の近くから**
>
> #827　Life isn't always what one likes.
> 　　　人生は必ずしも思うようにはいきません。

＊Life isn't always what one likes.

　人生は必ずしも思い通りにいくとは限らない。

　＝Life doesn't always turn out the way you plan.

　『あなたが寝てる間に』

＊turn out 「ころころ転がってでてくる」→〜になる

＊not always〜　必ずしも〜とは限らない

　例文　Not always the case, is it?　『ラブ・アクチュアリー』

　　　いつでも事実であるとは限らないだろ？

　　　　＊be not always the case

　　　　　いつでも事実である［当てはまる］というわけではない

Lesson 1 ①

"not always〜　必ずしも〜とは限らない"を使って次の日本語を英語で言いましょう。

1）人生は必ずしも美しいとは限らない。

2）口語英語は必ずしも文法的に正しいとは限らない。

　　＊口語英語　Spoken English

答え

1）Life is not always beautiful.

2）Spoken English is not always grammatically correct.

Lesson 1 ②

eat out を使って1）の質問を英語にし，2）から5）までの返答を英語で言いましょう。

1）一カ月に何回，外食しますか？
2）一カ月に一度です。
3）一カ月に3回です。
4）めったにありません。
5）一度もしません。

答え

1）How many times (in) a month do you eat out?

　参考　　How often do you eat out?（頻度を尋ねる場合）

2）Once a month.
3）Three times a month.
4）Rarely.
5）Never.

❓ コーヒーブレイク10

＊cook out　外でグリルを使ってバーベキューする

Americans cook out year around.

アメリカ人は年中，外でグリルを使ってバーベキューをします。

🎬 他の映画のセリフから

『Shrek（2001） シュレック』

Shall I give the order, sir?
命令を出しましょうか？
＊give an order　注文［命令］を出す

『Lilja 4-ever（2002） リリア 4-ever』

Where shall I go?
どこに行きましょうか？

『Familiar Strangers（2008） ファミリア・ストレンジャーズ』

I have nothing to cook for us.
私達のために料理する食材が何もありません。

『American Beauty（1999） アメリカン・ビューティ』

You have nothing to be sorry about.
あなたが謝ることは何もありませんよ。

『Back to the Future（1985） バック・トウー・ザ・フューチャー』

There's nothing to be scared of. All it takes is self-confidence.
恐れることは何もありません。必要なのは自信だけです。
＊be scared of〜　〜を怖がる，〜におびえる
＊All it takes is〜．必要なのは〜だけである
＊self-confidence　自信

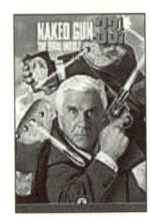

『Naked Gun 33 1-3: The Final Insult（1994）　裸の銃を持つ男』
I know. Life isn't always fair.
そうなんです。人生は必ずしもフェア（公平）ではありません。

『Bigger Stronger Faster ＊（2008）
　　　ステロイド合衆国〜スポーツ大国の副作用〜』
But life isn't always like that.
だけど，人生は必ずしもそのようにはいきません。

『Gladiator（2000）　グラディエーター』
It was not always so. —Many things change.
必ずしもそうとは限りません。多くのことが変わるものですから。

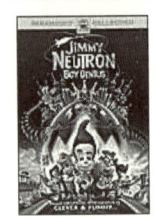

『Jimmy Neutron: Boy Genius（2001）
　　　ジミー・ニュートロン 僕は天才発明家』
Having a genius for a son may not always be easy … but it's always interesting. You make us so proud.
天才の息子を持つことは必ずしもたやすいことではないかもしれないが，いつだって興味深いものだよ。おまえのような息子を持って我々はとても誇りに思う。
＊proud　誇らしげな，自慢して

Lesson 2 ①

次の日本語を瞬時に英語にして，声に出して言ってみましょう。繰り返し練習してください。
1）今夜は日本料理をつくりましょうか？
2）いくらお払いしましょうか？

3）彼女に電話しましょうか？
4）見るべき物が何もありません。私はここに住んでいたのですが。
　　＊よく〜したものだ，昔は〜していた　used to do
5）食べるものないの？　飲むものもないの？
6）楽しみに待つものが何もない。
　　＊〜を楽しみにする／〜を楽しみに待つ　look forward to〜
7）人生は必ずしも公平ではない。
8）彼はいつも幸せというわけではない。いつ彼は楽しいのか？

> 答え

1）Shall I cook you a Japanese dinner tonight?
2）How much shall I pay you?
3）Shall I call her?
4）There's nothing to see. I used to live here, you know.
5）Nothing to eat? Nothing to drink?
6）There's nothing I look forward to.
7）Life isn't always fair.
8）He's not always happy. When is he happy?

Lesson 2 ②

　次の日本語を瞬時に英語にして，声に出して言ってみましょう。繰り返し練習してください。

1）何か作りましょうか？
2）料理するものは何もないよ。いつも外食だから。
3）人生は必ずしも思うようにいくとは限らない。
4）来週，お会いしましょうか？
5）「毎日」お会いします。
6）電子レンジ以外，何も調理器具がありません。
7）恐れる物は何もない。
8）1か月に何回外食しますか？

9) 1か月に1度です。／1か月に三回です。／めったにありません。／一度もしません。
10) 外食の頻度は？
11) アメリカ人は年中，外で料理します。
12) 人生は必ずしも計画したようにはいかない。
13) 話し言葉は必ずしも文法的に正しいとは限らない。
14) どこに行けばいいでしょうか？
15) 命令を出しましょうか？
16) あなたが謝ることは何もありませんよ。
17) 恐れることは何もありません。必要なのは自信だけです。
18) 人生は必ずしもそのようにはいきません。
19) 多くのことが変わるものです。
20) 今晩，日本食を作りましょうか？
21) いくらお支払いしましょうか？
22) 彼女に電話しましょうか？
23) 見るべき物が何もありません。私はここに住んでいたのですが。
24) 食べるものないの？　飲むものもないの？
25) 楽しみに待つものが何もない。
　　＊〜を楽しみに待つ　look forward to〜

答え

1) Shall I cook something?
2) Nothing to cook. I always eat out.
3) Life isn't always what one likes.
4) Shall I see you next week?
5) I shall see you "every day".
6) I have nothing to cook with, except a microwave.
7) There is nothing to fear.
8) How many times (in) a month do you eat out?
9) Once a month. / Three times a month. / Rarely. / Never.
10) How often do you eat out?

43 (824) Shall I cook something?

11) Americans cook out year around.
12) Life doesn't always turn out the way you plan.
13) Spoken English is not always grammatically correct.
14) Where shall I go?
15) Shall I give the order?
16) You have nothing to be sorry about.
17) There's nothing to be scared of. All it takes is self-confidence.
18) Life isn't always like that.
19) Many things change.
20) Shall I cook you a Japanese dinner tonight?
21) How much shall I pay you?
22) Shall I call her?
23) There's nothing to see. I used to live here, you know.
24) Nothing to eat? Nothing to drink?
25) There's nothing I look forward to.

Key Sentence 44 (836)

The news can wait till tomorrow.

ニュースは明日で結構です。

(838) May I have a little more wine?

もう少しワインを頂いてもよろしいでしょうか？

(838) I'm sorry I couldn't cook us some dinner.

（私達のために）お料理を作れなくてごめんなさい。

(840) I'm a good cook.

私，料理は上手なんですよ。

ポイント❶

＊主語（物）+ can wait.　〜は今でなくて大丈夫です。

例文　Why don't you get some rest?　This can wait until tomorrow.
　　　少し休んではどうですか？　これは明日でも大丈夫ですから。
　　　＊get some rest　少し休む／休憩する

他の映画のセリフから

『As Good as It Gets（1997） 恋愛小説家』

This can wait.
これは後で良い。

『Almost Famous（2000） あの頃ペニー・レインと』

Can this wait till we get home?
これは私達が帰宅するまで待てますね？

ポイント❷

＊I'm sorry I couldn't～． ～できなくてごめんなさい。

Lesson 1

I'm sorry I couldn't～．を使って次の日本語を英語で言ってみましょう。

1）ごめんなさい，電話に出られなくて。

＊電話に出る　get to the phone

答え

1）I'm sorry I couldn't get to the phone.

＊こう言われて"大丈夫ですよ。"と答えたい時，"Oh, that's OK / all right / fine."と言います。

＊'get to the phone' は 'answer the phone' よりもカジュアルな表現です。

Lesson 2

声に出して言ってみましょう。繰り返し練習してください。

A: I'm sorry I couldn't come to your sister's party. I couldn't make it.
君の妹のパーティに行けなくてごめんよ。都合がつかなかったんだ。

B: Not a problem. Don't worry. We had a terrific time.
大丈夫だよ。心配しないでも。とっても楽しかったんだ。

『パンチドランク・ラブ』

＊(It's) Not a problem.　（それは）問題ではありません。／大丈夫です。

＊have a terrific time　素晴らしい時間を過ごす

☆a good cook　料理上手な人

Lesson 1 ①

good cook を使って次の日本語を英語で言ってみましょう。

1) 自分を料理上手だと思いますか？　もちろんです。
2) （人は）どうすれば料理上手になれますか？
　　＊〜になる　learn to〜
3) まず簡単なレシピで練習することです。

答え

1) Do you think you are a good cook? (Yes,) Absolutely. / Definitely.
2) How can you learn to become a good cook?
3) Practice first on easy recipes.

🎬 他の映画のセリフから

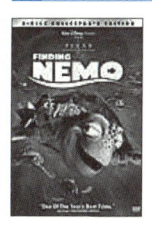

『Finding Nemo（2003） ファインディング・ニモ』

I'm sorry I couldn't get you back to your father, kid.
君をお父さんの元に返してあげられなくてごめんよ。
＊get ~ back to ...　~を……に戻す

『Elegy（2008） エレジー』

I'm sorry I couldn't be of more help.
あまり力になれなくてすみません。
＊be of help　力になる、役に立つ

Lesson 1 ②

次の日本語を瞬時に英語にして，声に出して言ってみましょう。繰り返し練習してください。

1）時間に間に合わなくてごめんなさい。交通渋滞に巻き込まれたのです。
　　＊間に合う　make it in time
　　＊交通渋滞に巻き込まれる　get caught in a traffic jam
2）食べ残したりして申しわけありません。／食べ残してごめんなさい。
3）気分を楽にしてあげられなくてごめんなさい。

答え

1）I'm sorry I couldn't make it in time. I got caught in a traffic jam.
2）I'm sorry I couldn't eat everything.
3）I'm sorry I couldn't make you feel better.

Lesson 2

次の日本語を瞬時に英語にして，声に出して言ってみましょう。繰り返し練習してください。

1）ニュースは明日で結構です。
2）もう少しワインをいただけますか？
3）お料理をしてあげられなくてごめんなさい。
4）（人は）どうすれば料理上手になれますか？
5）私は料理が上手です。
6）少し休んではどうですか？ これは明日で大丈夫です。
7）電話に出られなくて申し訳ありません。
8）大丈夫です。
9）あなたの妹さんのパーティーに出向けなくて申し訳ありません。
10）都合が悪くてごめんなさい。
11）大丈夫ですよ。心配しないで下さい。楽しかったです。
12）これは後で結構です。
13）この件，私達が帰宅するまで待てますか？
14）君をお父さんの元に返してあげられなくてごめんよ。
15）あまり力になれなくてすみません。
16）時間に間に合わなくてごめんなさい。交通渋滞に巻き込まれたのです。
17）食べ残したりして申しわけありません。／食べ残してごめんなさい。
18）気分を楽にしてあげられなくてごめんなさい。

答え

1）The news can wait till tomorrow.
2）May I have a little more wine?
3）I'm sorry I couldn't cook us some dinner.
4）How can you learn to become a good cook?
5）I'm a good cook.
6）Why don't you get some rest? This can wait until tomorrow.
7）I'm sorry I couldn't get to the phone.

8) Oh, that's OK / all right / fine.
9) I'm sorry I couldn't come to your sister's party.
10) I'm sorry I couldn't make it.
11) Not a problem. Don't worry. We had a terrific time.
12) This can wait.
13) Can this wait till we get home?
14) I'm sorry I couldn't get you back to your father.
15) I'm sorry I couldn't be of more help.
16) I'm sorry I couldn't make it in time. I got caught in a traffic jam.
17) I'm sorry I couldn't eat everything.
18) I'm sorry I couldn't make you feel better.

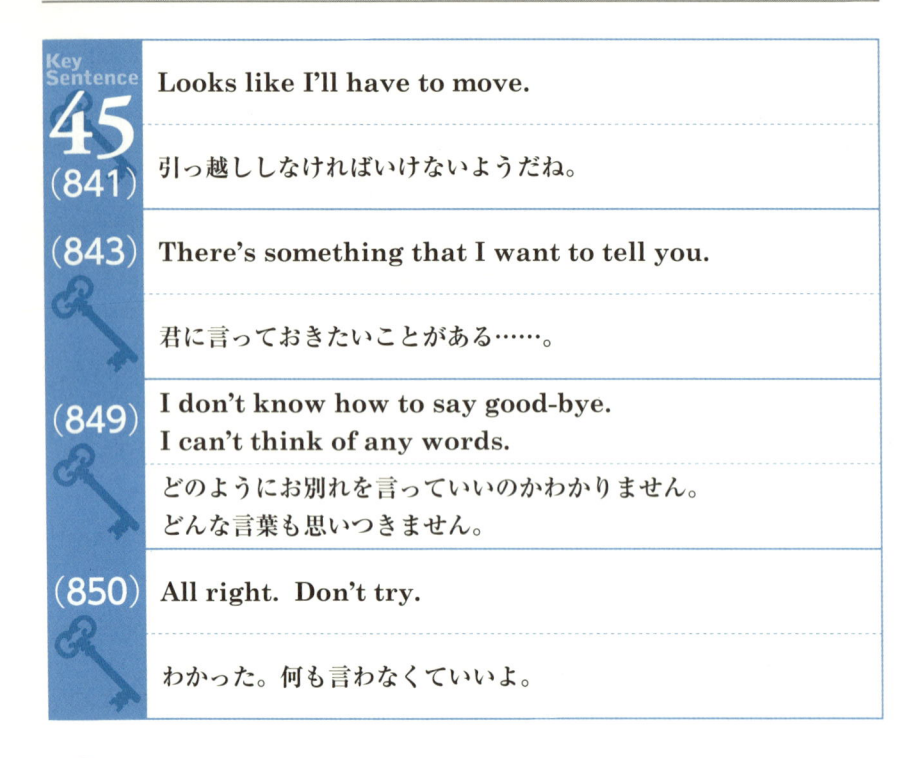

Key Sentence 45 (841)	**Looks like I'll have to move.**
	引っ越ししなければいけないようだね。
(843)	**There's something that I want to tell you.**
	君に言っておきたいことがある……。
(849)	**I don't know how to say good-bye.** **I can't think of any words.**
	どのようにお別れを言っていいのかわかりません。 どんな言葉も思いつきません。
(850)	**All right. Don't try.**
	わかった。何も言わなくていいよ。

ポイント❶

* ＊(It) Looks like～．　～のようだ。
* ＊look like～　～のようだ／～のように見える

Lesson 1

look like を使って次の日本語を英語で言いましょう。

1）これでさよならのようだね。
2）それがどんな風に見えるかだけでも教えてくれ。
　　＊at least　せめて～だけでも

答え

1) Looks like this is goodbye.
2) At least tell me what it looks like.

他の映画のセリフから

『Avatar（2009）アバター』

You look like them, you talk like them and they'll start trusting us.

あなたは彼らに似ているし，彼らのように話すから，彼らから信用され始めるでしょう。

＊trust　信用する

『Memento（2000）　メメント』

You're in the lobby? What do you look like?

君はロビーにいるのかい？　どんな風貌なんだい？

ポイント❷

＊There's something that I want to tell you.
　君に言いたいことがあるんだ。

Lesson 1

次の語を英語にして，**There's something that I**～に続けて言ってみましょう。

1) あなたに言わなければならないことがあります。
2) あなたに言っていなかったことがあるんだ。

3）あなたにずっと言おうと思っていたことがある。

答え

1) There's something that I have [need] to tell you. / There's something that I must tell you.
2) There's something that I haven't told you about.
3) There's something that I've been meaning to tell.

Lesson 2

次の日本語を瞬時に英語にして，声に出して言ってみましょう。繰り返し練習してください。

1）これでさよならのようだね。
2）それがどんな風に見えるかだけでも教えてくれ。
3）君はロビーにいるのかい？
4）どんな風貌なんだい？
5）君に言いたいことがあるんだ。
6）あなたに言わなければならないことがあります。
7）あなたに言っていなかったことがあるんだ。
8）あなたにずっと言おうと思っていたことがある。

答え

1) Looks like this is goodbye.
2) At least tell me what it looks like.
3) You're in the lobby?
4) What do you look like?
5) There's something that I want to tell you.
6) There's something that I have [need] to tell you. / There's something that I must tell you.
7) There's something that I haven't told you about.
8) There's something that I've been meaning to tell.

ポイント❸

*how to do　〜の仕方，〜の方法
  【例文】　Can you teach me how to use this camera?
  　　　　このカメラの使い方を教えてくれませんか？
*can't think of〜　〜を思い付かない／〜を考え付かない
  【例文】　I still can't think of anything.
  　　　　まだ何にも考えつきません。
*try to do　〜しようとする
  【参考】　try doing　試しに〜してみる

コーヒーブレイク11

●"別れの挨拶" いろいろ

① So long.
   近いうちにね。
② So long for now.
   では元気でね。
   ※しばらく会わないと思われる相手に使います。
   【例文】　So long for now, and good luck with your new job.
   　　　　じゃあ，元気でね。新しい仕事，頑張って。
③ I'll see you when I see you.
   また会える時に。
   ※次にいつ会えるかわからない相手に使います。

Key Sentence 46 (854)	I am better.
	よくなりました。
(907)	Hey, what gives?
	いったいどうしたんだい？
(933)	You must be out of your mind!
	君は気が狂ってるに違いない！

ポイント❶

*I am better.
　good（良い）→ better（より良い）→ best（最高の）

例文　① 『Jurassic Park（1993）　ジュラシック・パーク』より
　　　　　Drink this and you'll feel better.
　　　　　これを飲むと，気分がよくなるよ。
　　　② 『Fight Club（1999）　ファイト・クラブ』より
　　　　　This is the best soap. ―Why, thank you, Susan.
　　　　　最高なせっけんだよ。――うわ，ありがとう，スーザン。

🎥 他の映画のセリフから

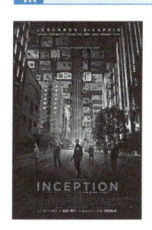

『Inception (2010) インセプション』

He's good at what he does, right? —Oh, he's the best.
彼，仕事できるよね？——ああ，彼は最高です。

ポイント❷

What gives?
どうなってるの？／どういうつもり？／何があったんだい？

🎥 他の映画のセリフから

『While You Were Sleeping (1995) あなたが寝てる間に』

A: Who is it? What gives?
　どなた？　どうしたの？
B: You stood me up.
　俺に待ちぼうけを食わせたろ。
A: For what?
　何で？
B: Our date.
　デートでだよ。
　＊stand 人 up　（人）に待ちぼうけを食わせる

『The Bourne Identity (2002) ボーン・アイデンティティー』

A: What gives? Why didn't you call?
　何があったんだい？　なぜ電話してくれなかったの？
B: I did. Every time I got a different voice on the line. What's going on?
　したわ。電話する度に，違うボイスメールが出たのよ。どうなってるの？

> 参考　　What's going on?
> 　　　　①どうなってるんだい？　②どう，元気？

ポイント❸

> You must be out of your mind!　頭，おかしいんじゃないのか。
> ＊be out of one's mind　気が狂って，発狂して
> 　例文　Are you out of your mind?
> 　　　　あなた，頭おかしいんじゃないの。
> 　　　　He's out of his mind! He's crazy!
> 　　　　彼は頭がおかしいんだ！　狂っている！

> **Key Sentence 47 (955)**
>
> **Each in its own way was unforgettable.**
>
> いずこもそれなりに忘れ難い。
> (それぞれ街はそれなりに忘れることはできません。)

場面の背景▶

今回の親善旅行でどこが一番楽しかった／良かったですか，と尋ねられた時の王女の返答。

ポイント

* in its own way　それなりに，それはそれで
* unforgettable　忘れられない

Lesson 1

"in its own way　それなりに／それはそれで"を使って，次の語を英語にしましょう。

1) それはそれなりにとても特別だ。
2) どの花もそれなりに美しい。
3) これらはどれもそれなりに役に立つ。

答え

1) It's very special in its own way.
2) Each flower is beautiful in its own way.
3) Each of these is useful in its own way.

🎬 他の映画のセリフから

『Hitch (2005) 最後の恋のはじめ方』

I just wanted to say thank you ... for an unforgettable experience ... the other day.
先日の忘れられない経験のお礼を言いたかったんだ。

『Six Days Seven Nights (1998) 6デイズ／7ナイツ』

A: I want this to be the most unforgettable vacation of our lives. Having a good time?
これを私達の人生で最も忘れられない休暇にしたいんだ。楽しんでるかい？

B: Oh, honey, I'm having a great time.
あら，あなた，とっても楽しんでいるわ。

A: Hey, you know what today is?
ねえ，今日は何の日か知ってる？

B: What?
何の日って？

＊What is today? 今日は何の日？

参考
① What day is today? / What day is it today?
今日は何曜日ですか？
② What's the date today? / What date is it today?
今日は何日ですか？

Lesson 2

次の日本語を瞬時に英語にして，声に出して言ってみましょう。繰り返し練習してください。
1) それはそれなりにとても特別だ。
2) どの花もそれなりに美しい。

47 (955) Each in its own way was unforgettable.

3）これらはどれもそれなりに役に立つ。
4）先日の忘れられない経験のお礼を言いたかったんだ。
5）これを私達の人生で最も忘れられない休暇にしたいんだ。
6）楽しんでいるかい？
7）あら，あなた，とっても楽しんでいるわ。
8）ねえ，今日は何の日か知ってる？

答え

1) It's very special in its own way.
2) Each flower is beautiful in its own way.
3) Each of these is useful in its own way.
4) I just wanted to say thank you for an unforgettable experience the other day.
5) I want this to be the most unforgettable vacation of our lives.
6) (Are you) Having a good time?
7) Oh, honey, I'm having a great time.
8) Hey, you know what today is?

> **Key Sentence 48 (956)**
>
> I will cherish my visit here in memory, as long as I live.
>
> この訪問を一生懐かしく記憶にとどめることでしょう。

ポイント

＊cherish～
　～を大事［大切］にする，〔いい思い出などを〕胸［心］にしまっておく

(例文)　『American Wedding（2003）
　　　　　アメリカン・パイ３：ウェディング大作戦』より

You know I cherish you, my love.
僕の愛しい人よ，君を大事に思っているのはわかっているよね。

＊as long as～ ＝ 　～の間（は），～限り

Lesson 1

"as long as～" を使って，次の日本文を英語にして言ってみましょう。

1) それが便利なら。
2) 居たいだけ，ここに居ていいですよ。
3) 僕の記憶だと，僕はずっとこんな感じです。
4) やってもいいですよ。彼と二人っきりになる必要がない限りは。

答え

1) As long as it's convenient.
2) You can stay here for as long as you want / like.
3) I've been this way as long as I can remember.
4) I could do that. As long as I don't have to be alone with him.
　＊be alone with～　～と二人だけで

48 (956) I will cherish my visit here in memory, as long as I live.

🎬 他の映画のセリフから

『25th Hour (2002) 25時』
I'll wait for you. As long as it takes.
あなたを待っているわ。必要なだけ。

Lesson 2

次の日本語を瞬時に英語にして，声に出して言ってみましょう。繰り返し練習してください。

1) それが便利なら。
2) 居たいだけ，ここに居ていいですよ。
3) 僕の記憶だと，僕はずっとこんな感じです。
4) あなたを待っているわ。
5) 必要なだけ。

▎答え

1) As long as it's convenient.
2) You can stay here for as long as you want / like.
3) I've been this way as long as I can remember.
4) I'll wait for you.
5) As long as it takes.

編集協力者

藤田比佐代

野中久実

他　ボランティア協力者

参考文献

『新英和中辞典』（研究社）

『リーダーズ＋プラス』（研究社）

『ロングマン現代英英辞典』（ピアソン桐原）

『プログレッシブ英語逆引き辞典』（小学館）〔国広哲弥，堀内克明〕

『ルミナス英和辞典』（研究社）

『「ローマの休日」で学ぶ英会話』（南雲堂）

『ETM 英辞郎』（ETM 研究所）

「週刊 ST・英語 Q&A」（ジャパンタイムズ）〔堀内克明，V.E. ジョンソン〕

『ロイヤル英文法』（旺文社）

1500語で話せる英会話
http://1500english.jpn.org/

映画で学ぶ英会話（English Through the Movies）
http://homepage3.nifty.com/ETM/

《著者プロフィール》

村川　義郎

慶応義塾大学卒業後，テレビ映画海外輸出入業を経て，
英会話サークル「映画で学ぶ英会話」を創設。
著書：『「ローマの休日」で学ぶ英会話』南雲堂出版，2005年

三田　弘美

NPO法人 English Through the Movies 理事。
神戸大学卒業後，教育公務員を経て，現在は，口語英語から
TOEICの受験指導など幅広い分野での英語指導者として活躍中。
日本メディア英語学会会員，アメリカ口語英語学会会員。

1500語で話せる英会話
あの名作映画『ローマの休日』に学ぶ

2012年11月4日　　　　　　　　　　　　　　初版2刷発行

　　　　著　者　村川義郎・三田弘美
　　　　発行者　亀井忠雄
　　　　発行所　㈱創英社／三省堂書店
　　　　　　　　〒101-0051　東京都千代田区神田神保町1-1
　　　　　　　　Tel：03-3291-2295　　Fax：03-3292-7687

　　　　印刷所
　　　　　　　　㈱新後閑
　　　　製本所

©Norio Murakawa, Hiromi Sanda, 2012　Printed in Japan
ISBN978-4-88142-578-7 C0082
落丁，乱丁本はお取替えいたします。